A ADERÊNCIA CONTRATUAL DAS NORMAS COLETIVAS

BRUNO FERRAZ HAZAN

Mestre em Direito do Trabalho pela Pontifícia Universidade Católica de Minas Gerais. Advogado. Professor Universitário.

A ADERÊNCIA CONTRATUAL DAS NORMAS COLETIVAS

EDITORA LTDA.

© Todos os direitos reservados

Rua Jaguaribe, 571
CEP 01224-001
São Paulo, SP – Brasil
Fone (11) 2167-1101
www.ltr.com.br

Produção Gráfica e Editoração Eletrônica: Estúdio DDR Comunicação Ltda.
Projeto de Capa: Fabio Giglio
Impressão: Digital Page

LTr 4628.4
Setembro, 2012

Dados Internacionais de Catalogação na Publicação (CIP)
(Câmara Brasileira do Livro, SP, Brasil)

Hazan, Bruno Ferraz
    A aderência contratual das normas coletivas / Bruno Ferraz Hazan. — São Paulo : LTr, 2012.

    Bibliografia.
    ISBN 978-85-361-2238-0

    1. Direito do trabalho - Brasil I. Título.

12-08464   CDU-34:331(81)

Índices para catálogo sistemático:

1. Brasil : Aderência contratual das normas coletivas : Direito coletivo : Direito do trabalho   34:331(81)

Sumário

Apresentação 7

Prefácio 9

Introdução 13

1. O pensamento histórico e a lógica que arrimam a construção e a interpretação do Direito do Trabalho 17

2. O poder normativo 28

    2.1. Aspectos gerais e históricos 28

    2.2. Poder normativo autônomo: os convênios coletivos 37

    2.3. Poder normativo heterônomo: a sentença normativa 41

    2.4. Negociações coletivas, flexibilização e crise do sindicalismo 47

3. A aderência contratual das normas coletivas 53

    3.1. O conteúdo dos instrumentos normativos: cláusulas obrigacionais e normativas 53

    3.2. As teorias sobre a aderência contratual 55

    3.3. A aderência contratual limitada pelo prazo 59

       3.3.1. O precedente normativo n. 120 do TST 62

    3.4. Em defesa da ultratividade normativa 65

       3.4.1. O prazo nos instrumentos normativos 66

       3.4.2. O princípio da condição mais benéfica 70

       3.4.3. O princípio *in dubio pro operario* 79

    3.5. Em defesa da aderência contratual irrestrita 80

       3.5.1. O § 2º do art. 114, da CR/88 86

       3.5.2. O real alcance da expressão:„ disposições mínimas legais de proteção ao trabalho, bem como as convencionadas anteriormente„ 92

Conclusão 97

Referências bibliográficas 101

Apresentação

O Direito do Trabalho possui, intrinsecamente, um caráter progressista, no sentido de que as conquistas obtidas pela classe trabalhadora, por meio da intervenção estatal (poder normativo heterônomo) ou da negociação coletiva (poder normativo autônomo), constituem ponto de partida para futuras pactuações. As funções e princípios do ramo trabalhista direcionam o intérprete neste sentido. Com isso, classicamente, a doutrina e a jurisprudência conferiam aderência contratual e ultratividade às normas coletivas.

No entanto, a crise flexibilizadora do Direito do Trabalho trouxe consigo o fortalecimento de tendências interpretativas desfavoráveis à contratualização das cláusulas normativas, negando-lhes ultratividade.

O presente livro visa a questionar tais tendências, na busca de uma interpretação estratégica de construção e não de desconstrução do Direito, principalmente agora, após a Emenda Constitucional n. 45 de 2004, que deu margem a interpretações no sentido de limitar o acesso da classe trabalhadora à sentença normativa que, apesar de sua origem fascista, serve-lhes, pelo menos, na defesa da manutenção de suas conquistas históricas.

Prefácio

É comum usarmos a palavra "mestre" como sinônimo de professor. No Brasil antigo, um dos personagens mais conhecidos era o mestre-escola, homem sisudo e pobre que passava a vida entre o sertão e a cidade, nem sempre com parada certa. Às vezes, lá estava ele, ao lado do prefeito, para inaugurar a nova sala de aula, com fita, banda e foguete. Outras vezes, um coronel o abrigava na casa grande, para que os seus filhos fossem por ele educados, ou então lhe construía uma casinha, caiada de branco, perto da capela, onde ele então revelava os mistérios das letras e dos números às crianças descalças da colônia.

Com frequência, não havia livros, nem mesmo cadernos; só lápis, às vezes borracha e folhas soltas na carteira. E ele na frente, de pé, com giz na mão, testa franzida, recitando a tabuada ou os rios do Brasil. Se às vezes parecia um pai, não o era só nos cuidados e aflições, mas também nas reprimendas e nas penas, como todo pai que se prezava. Num tempo de disciplinas rígidas e explícitas, suas armas eram a vara de marmelo e a palmatória, quando não o sabugo de milho, debulhado na hora, no canto da sala, onde o traquinas se ajoelhava, gemendo ou chorando, para diversão da molecada.

Num tempo que também era o das grandes verdades e das absolutas certezas, ser mestre-escola era poder dizer – sem dúvidas ou inquietações – como eram as coisas do mundo, assim como ser aluno era absorver as palavras sagradas, sem palpites, em silêncio, como na missa do domingo ou na mesa do pai. "Eu ouvi, o professor falou!" – era o argumento definitivo em qualquer discussão infantil.

E se as verdades eram firmes, sérias, impecáveis, o homem que as dominava se parecia com elas. Nesse ponto, mais que um padre, lembrava o antigo artesão, o mestre de ofício, que nas corporações medievais cultivava sua arte como um tesouro, e a cada geração a fazia melhor, mais refinada, acrescentando pequenos detalhes aos saberes acumulados.

Mas hoje, como tantas outras coisas da vida, a realidade é bem diferente. A figura do mestre se desmistifica – não só *para o bem*, como acontece, tantas vezes, nas confraternizações com os alunos ou nos debates nas salas de aula, como *para o mal*, como se nota pelas violências de toda ordem praticadas nas escolas.

É claro que há muitas razões para isso, a começar pela crescente relativização das verdades e certezas, dessacralizando os próprios saberes. Além do mais, sentimos hoje uma aversão bem maior às hierarquias, produto de uma ânsia incontida de igualdade, e esses sentimentos podem às vezes transbordar como um rio – seja para fertilizar as árvores, seja para abalar suas raízes.

Diante disso – eu pergunto –, como deverá ser o novo mestre?

A etimologia da palavra talvez nos dê uma pista. *Mestre* vem do Latim *magistrum,* que não apenas designa aquele que dirige e ensina, mas tem a mesma raiz de *maestro*. Aliás, em várias línguas – como no Italiano – esta última palavra designa tanto o professor como o chefe de orquestra; e também era assim no Português arcaico.

Ora, o que faz um maestro?

Um maestro, como sabemos, treina e conduz os músicos, assim como faz o mestre com os seus alunos. Mas além disso, de certo modo, ele *compõe*. Não se limita a repisar a partitura; coloca algo de si em cada nota ou acorde. Da mesma forma, ou por isso mesmo, abre espaço para que cada músico também crie.

Em alguma medida, aliás, é o que também faz o juiz – ou o advogado – quando interpreta a lei. Se, como diz Couture, ela o prende numa espécie de cárcere, ainda assim ele anda alguns passos. E como as próprias grades são vazadas, eu diria até que suas mãos podem se estender para fora, à procura do mundo, tal como às vezes fazem os presidiários, na vida real, retratada tão dramaticamente nas páginas dos jornais.

É verdade que – ao longo dos tempos – tanto o maestro como o mestre e o juiz nunca deixaram de compor ao interpretar obras alheias. Mesmo o maior dos especialistas em Beethoven toca não apenas Beethoven, mas também um pouco de sua própria sinfonia. Ainda que não queira criar, nem perceba que está criando, o homem se mistura com tudo aquilo que faz.

No entanto, é hoje que se abrem os maiores espaços de liberdade para que o mestre se faça maestro, e o próprio maestro escape das partituras. Aliás, provavelmente, esse *modo maestro de ser* não apenas é *o melhor*, mas *o único* que se compatibiliza com os sentimentos, as aspirações e as ideias de um mundo que – como eu dizia – anseia a igualdade, repele as hierarquias e celebra a invenção.

Mas um bom mestre também é maestro quando se envolve *positivamente* com as vidas à sua volta. Quando a sua sinfonia é não apenas correta na forma, mas apaixonante no conteúdo; quando desperta na plateia emoções análogas às que ele próprio sente, e que servem, de algum modo, para melhorar o que existe.

Pois bem. Em minha vida de professor, poucas vezes pude perceber essas qualidades com tanta clareza como na pessoa do autor deste livro. Tal como um maestro, ele se emociona com o que faz; e por isso mesmo, ao interpretar, atualiza e aperfeiçoa a obra que tem às mãos.

E não é de se estranhar. Além da inteligência límpida e do amor ao debate, o jovem professor Bruno Hazan carrega consigo a mesma chama que arde no coração de sua mãe, Ellen, uma das mais competentes e corajosas advogadas que já conheci.

Tive o prazer de orientá-lo em nosso mestrado na PUC-Minas. Mas já o conhecia antes, tenho acompanhado (mesmo de longe) sua trajetória e posso afirmar, sem qualquer exagero, que – num mundo também pautado pela carência de sonhos – Bruno é um exemplo de idealismo para as novas gerações.

E este livro é uma prova do que eu digo. Ele nos mostra, mais uma vez, que se o Direito pode ter algo de ciência, é também uma arte. É arte até mesmo quando regula, *cientificamente*, os nossos modos de ser, ajustando-se ao cotidiano e moldando não apenas os fatos, *mas nós mesmos*, à sua imagem e semelhança. E é arte, sobretudo, quando nos oferece múltiplas leituras, assim como fazem as exuberantes telas de Michelangelo ou mesmo as canções (tão simples) dos Beatles. Em outras palavras, este livro nos revela que a interpretação do Direito é mais invenção que descoberta; e, como todo ato de escolha, envolve responsabilidades.

Assim, defender a *aderência contratual*, com argumentos jurídicos, não significa encontrar o caminho único; mas provavelmente significa optar pelo melhor caminho, em termos (já agora) políticos. A invenção do Autor não está, naturalmente, em criar uma norma que não existe – mas em repensá-la e recompô-la, de tal modo que o Direito do Trabalho possa seguir sua vocação progressista, como um vagalume atraído pela luz.

Com a maestria do verdadeiro mestre, Bruno vai discutindo enquanto fala, duvidando das coisas prontas e conduzindo sem impor, assim como eu o imagino fazer com os seus alunos. Também por isso, seu livro é um ótimo instrumento para os que se preocupam com a causa operária e não se conformam com andar para trás.

Márcio Túlio Viana

Introdução

O Direito do Trabalho existe para que a classe trabalhadora sobreviva, no mundo do capital, com direitos garantidores não só da sua sobrevivência, mas de sobrevivência com dignidade, razão pela qual, desde o seu nascimento, este ramo do direito se mostrou progressista, autorizando que os atores sociais, coletivamente organizados, criassem novos direitos por meio de normas que lhes garantissem, de forma gradual, novas conquistas para o estabelecimento da melhoria de suas condições de vida.

Em razão das próprias fontes materiais que fizeram surgir o ramo trabalhista é que não se pode negar o seu caráter progressista. As normas criadas, as condições estabelecidas e as cláusulas ajustadas aderem, de forma definitiva, ao patamar de direitos da classe trabalhadora, ultrapassando qualquer termo de vigência estabelecido. São direitos adquiridos que não admitem renúncia.

É exatamente em razão deste caráter, o progressista, que durante todo o regime estabelecido pelo Estado Social não se abriu qualquer espaço para discussão sobre a não aderência dos direitos construídos e estabelecidos nos contratos individuais dos trabalhadores.

Portanto a essência deste ramo revela-se também pela aderência das cláusulas e condições de trabalho de cada trabalhador, para que se dê efetividade à melhoria, gradual e sucessiva, do patamar de seus direitos.

Não obstante, com a alteração do modelo capitalista de Estado Social para Estado Neoliberal, estabeleceram-se ataques aos direitos da classe trabalhadora por meio de teorias que têm, como estratégia, a destruição do ramo trabalhista. Uma dessas teorias, a da flexibilização dos direitos, além de apregoar a necessidade do capital de reduzir o patamar de direitos da classe trabalhadora para sua própria sobrevivência, destaca que os próprios atores sociais coletivamente organizados, no caso do Brasil, os sindicatos de trabalhadores, promoverão tal redução.

É certo que para que os sindicatos dos trabalhadores se colocassem como agentes de destruição dos direitos trabalhistas conquistados seria necessário o enfraquecimento da força coletiva da classe trabalhadora, assim como a retirada, do alcance desta, dos meios de defesa dos seus direitos, o que, como se constatará neste estudo, vem se dando de forma gradual, porém rápida, inclusive por meio de interpretações que não estão de acordo com os princípios especiais do ramo trabalhista.

Em razão desse novo modelo do sistema capitalista (neoliberal), fortaleceram-se pensamentos no sentido de se negar não só a aderência normativa aos contratos individuais do trabalho, mas, também, a ultratividade das normas coletivas, o que afronta, de forma grotesca, o pressuposto da progressividade enquanto essência do ramo trabalhista.

Com o fortalecimento desses pensamentos, contrários ao próprio Direito do Trabalho, as conquistas da classe trabalhadora vão se perdendo a ponto de o mínimo passar a ser o máximo.

É exatamente no olho desta crise que se encontra, atualmente, o Direito do Trabalho. Um "cabo de guerra" se coloca entre a defesa e o ataque aos direitos construídos.

A correlação de forças se desequilibra com o fortalecimento do capital e o enfraquecimento das organizações da classe trabalhadora, impondo aos sindicatos e aos próprios trabalhadores a adoção da política de redução dos direitos em troca da manutenção do trabalho, mesmo que precarizado ou não dignificante.

Dentro desta análise, para que se dê efetividade ao próprio ramo trabalhista e não se comungue com a sua destruição, releituras das diversas instituições do ramo se impõem, especialmente quanto à aderência e à ultratividade das normas coletivas aos contratos individuais de trabalho.

Esta releitura, neste momento de crise, deve se dar no sentido de evitar pensamentos extremos e interpretações que maculem os direitos conquistados pela classe trabalhadora, dando oportunidade aos agentes coletivos, mesmo que fragilizados, de manterem os direitos já adquiridos, que são, em última análise, o conjunto de regras que lhes garante condições de trabalho e dignidade.

Um dos exemplos analisados nesta obra diz respeito ao entendimento, hoje majoritário nos Tribunais brasileiros, sobre as previsões constitucionais trazidas pela Emenda Constitucional n. 45, de 31.12.2004, quanto à possibilidade de os trabalhadores, por meio de seus sindicatos, utilizarem o instrumento processual, dissídio coletivo de natureza econômica, para manterem os direitos conquistados.

Com a interpretação limitativa do dispositivo constitucional inserido pela referida Emenda (§ 2º do art. 114 da CR/88), exigindo o comum acordo das partes em conflito para a instauração da instância coletiva, nega-se acesso livre dos trabalhadores a um dos grandes instrumentos existentes para a manutenção de suas conquistas, o dissídio coletivo de natureza econômica, contribuindo, referida interpretação restritiva, para uma ainda maior fragilidade das organizações dos trabalhadores, que, em razão desta, veem-se obrigadas a reduzir certos direitos dos seus representados para manutenção de alguns outros, impedidos que estão de buscar a manutenção de todo o seu patamar de direitos junto aos Tribunais trabalhistas.

Daí a importância da efetividade da aderência contratual, independentemente dos dissídios coletivos, para resguardo do patamar de direitos e de conquistas da classe trabalhadora. É exatamente sob esta ótica que este trabalho se apresenta, na busca de uma leitura jurídica e socialmente correta sobre a incorporação das conquistas normativas, gerando o renascimento ou a reinvenção da essência da progressividade do Direito do Trabalho, que merece, pelas suas próprias razões de existir, uma interpretação teleológica justa aos seus fins e não aos fins exclusivos do capital.

Por fim, espera-se demonstrar que pela própria estrutura do Direito do Trabalho não há como se falar em uma interpretação que negue sua própria essência, a progressividade das conquistas e a aderência destas aos contratos individuais dos trabalhadores.

CAPÍTULO 1
O PENSAMENTO HISTÓRICO E A LÓGICA QUE ARRIMAM A CONSTRUÇÃO E A INTERPRETAÇÃO DO DIREITO DO TRABALHO

Sabe-se que o Direito não se resume à letra da norma. Ele é, também, sua alma e sua virtude, razão pela qual mais importante que saber ler o Direito é saber pensá-lo. O Direito, ao contrário do que se pode pensar, não está isento de emoção.

Também não se ignora que o Direito surge, em nossa sociedade organizada, como fato de domínio e de poder de uma determinada classe sobre outra ou, como destaca David (2002, p. 73), „o Direito surge na defesa de uma classe dominante que, em razão de seus interesses específicos, dita a proposta normativa que sirva à realização destes".

Assim, para análise do Direito, não se podem olvidar os fatos histórico-políticos ocorridos nos corredores da nossa civilização que levam à história da evolução, desenvolvimento ou crise do próprio Direito, como, por exemplo, as revoluções, os movimentos sociais e as filosofias.

O Direito, assim, é contaminado pelo político, pelo econômico e pelo ideológico, como nos ensina Calmon de Passos (1998, p. 83):

> O jurídico coabita, necessariamente, com o político e com o econômico. Toda teoria jurídica tem conteúdo ideológico. Inclusive a teoria pura do direito. Nenhum instituto jurídico, nenhuma construção jurídica escapa dessa contaminação. Nem mesmo a dogmática jurídica. Nem o processo, um instrumento aparentemente neutro, estritamente técnico, foge desse comprometimento.

Desta forma, é de se pensar o Direito como uma intenção axiológica que abrange e se apropria de valores específicos que, no mundo da argumentação, o justificam, não podendo ser destacado do contexto do sistema que emoldura a sua gestação, até mesmo porque o afastamento das razões pelas quais o Direito existe acaba com o próprio Direito e não permite a realização de suas funções[1].

---
(1) Principalmente o Direito do Trabalho, que nasceu a partir de inquietações sociais, conforme será destacado no próximo capítulo.

Daí a importância da análise dos fatos históricos e dos paradigmas que os envolvem, para a realização, plena, da ciência que dita como se deve pensar o Direito.

Ao se proceder de acordo com as regras da hermenêutica, não se deve desconsiderar que o grande momento do ordenamento jurídico é, sem sombra de dúvidas, o do encontro da norma com o fato, vez que é em razão deste que a norma se individualiza, resolvendo o caso concreto colocado em exame, passando do mundo da teoria para o mundo real.

Não obstante, é de se constatar, também, que a norma, ao incidir sobre o fato, influencia e opera sobre o Direito. É o efeito circular da interpretação normativa que não pode se afastar das razões de existir do próprio Direito.

Desta forma, o fato abstratamente descrito na norma se torna pleno de realidade e a norma, cumprindo sua finalidade, influencia as demais normas.

É o que acontece com o Direito do Trabalho. Não se pode pensar este ramo pela letra da norma, mas sim pelos valores que a inseriram no ordenamento. Enfim, o Direito do Trabalho, enquanto ramo autônomo e Direito Social por natureza[2], deve ser pensado da forma como foi construído para que se dê cumprimento às suas funções, sob pena de se transformá-lo, novamente, em regras puras civilistas de direitos e obrigações.

Assim é que, não de forma aleatória, mas propositalmente, os movimentos sociais, os movimentos coletivos e as revoluções sociais foram inseridos como fontes materiais do Direito do Trabalho:

> A palavra fonte tem o sentido metafórico, traduzindo a ideia de início, princípio, origem, causa. Assim, fonte seria a causa de onde provêm efeitos, tanto físicos como morais.
>
> A teoria jurídica captou a expressão em seu sentido metafórico, razão pela qual, fonte do direito é uma expressão, metafórica, que designa a origem das normas jurídicas. (DELGADO, 2008, p. 138).

A classificação das fontes se dá em dois grandes blocos: fontes materiais e fontes formais. Destacam-se, neste momento, apenas as fontes materiais, em razão de sua vinculação com a existência do próprio Direito do Trabalho e sua constitucionalização.

O enfoque que se dá às fontes materiais está adstrito ao momento pré-jurídico, ou seja, anterior à existência do fenômeno pleno da norma. É a emergência e a construção da norma de direito e do próprio ramo do Direito.

As fontes materiais se subdividem em vários aspectos. São importantes, para a concretização de como se deve pensar o Direito do Trabalho e interpretar suas normas, seus prismas sociológicos e filosóficos.

---

[2] Pois foi concebido a partir das lutas dos próprios atores sociais, o que será abordado no próximo capítulo.

O prisma sociológico está relacionado aos fatores sociais como, por exemplo, os movimentos sociais organizados e reivindicatórios, que ditam a causa da ocorrência e da conformação do próprio Direito.

O prisma filosófico está vinculado às correntes de pensamento político ou filosófico que operaram e operam um contraponto ao sistema capitalista ou mesmo o retorno deste sistema ao seu viés original. O socialismo, que atingiu o seu pico no final do século XIX e início do século XX, foi um dos fatores que fizeram com que o capitalismo abandonasse o liberalismo para implantação do Estado Social, que, por sua vez, fez com que os Direitos Sociais saíssem do campo da moral e viessem para o campo jurídico.

Estes movimentos e correntes de pensamento são fontes materiais do Direito do Trabalho, enquanto Direito Social vinculado aos direitos humanos.

E, sendo fontes materiais, colocam-se como matéria-prima para o surgimento e construção do paradigma social que, por sua vez, está contido dentro do Estado Democrático de Direito. Desta forma, para se aprofundar na questão da interpretação dos Direitos Sociais, necessário se faz percorrer as fontes materiais, ou seja, as bases históricas indispensáveis à realização do método teleológico de interpretação:

> *Teleológico* (ou *finalístico*) é o método que busca subordinar o processo interpretativo ao império dos fins objetivados pela norma jurídica. Propõe tal conduta teórica que o intérprete deve pesquisar, na interpretação, os objetivos visados pela legislação examinada, evitando resultados interpretativos que conspirem ou inviabilizem a concretização desses objetivos legais inferidos.
>
> A legislação, a propósito, tende a enfatizar a conduta teleológica, ao dispor que o operador jurídico deve observar, no processo interpretativo, os „fins sociais da Lei„ (art. 5º, Lei de Introdução ao Código Civil), de maneira que„ nenhum interesse de classe ou particular prevaleça sobre o interesse comum„ (art. 8º, *caput*, *in fine*, CLT). (DELGADO, 2008, p. 235).

Este é e deve ser o pensamento que arrima a construção desse ramo especial de Direito Social: o pensamento histórico.

Assim, é por meio dos fatos históricos, e da vontade do legislador originário que criou o ramo trabalhista, que se deve pensar o Direito do Trabalho. Qualquer afastamento da sua origem, de suas fontes materiais, inclusive pela contaminação que o Direito sofre do político, do ideológico e do econômico[3], pode colocar este ramo do Direito em crise, como aconteceu com o surgimento do novo pensamento liberal na sociedade capitalista atual: o neoliberalismo[4].

---

(3) Conforme destacado por Calmon de Passos (1998, p. 83), já citado.
(4) A respeito deste tema, consultar o próximo capítulo.

E, ainda, não há como pensar o Direito do Trabalho sem se pensar no porquê de sua existência. A que veio? Para que veio? Quais são suas funções? Pelos apontamentos doutrinários e históricos, pode-se concluir que são funções do Direito do Trabalho, de acordo com a lição de Delgado (2008, p. 58-61): *função central*; *caráter modernizante e progressista do ponto de vista econômico e social*; *função política conservadora* e *função civilizatória e democrática*.

A função central visa a „melhoria das condições de pactuação da força de trabalho na ordem socioeconômica" (DELGADO, 2008, p. 58). Esta função considera o grupo social representante dos trabalhadores (seja por classe, categoria, profissão ou ramo de atividade) para que atue, de forma direta, na construção do Direito em defesa de seus próprios interesses. Como destaca Plá Rodriguez (2000, p. 66-67), „por isso, em todo o Direito do Trabalho há um ponto de partida: a união dos trabalhadores; e há um ponto de chegada: a melhoria das condições dos trabalhadores".

É em razão desta função que se estabelece o poder normativo das partes neste ramo, possibilitando que os próprios sujeitos, por meio de instrumentos coletivos, estabeleçam normas jurídicas que, além de aderirem aos contratos individuais dos seus respectivos representados, também aderirão ao ordenamento jurídico vigente.

Tal função também possibilita a autotutela dos trabalhadores coletivamente organizados por meio da greve, na intenção de contrapor a força coletiva obreira ao comando da força coletiva empresarial e, ainda, determina a intervenção do Estado para garantia da existência e do fortalecimento das entidades sindicais.

Outra função destacada é aquela que dita o caráter modernizante e progressista do ponto de vista econômico e social do Direito do Trabalho. Tal função afirma que as conquistas obtidas pelos segmentos trabalhistas mais avançados devem ser estendidas a todos:

> [...] tal caráter progressista e modernizante mantém-se como luminar para o aperfeiçoamento legislativo da sociedade brasileira (dirigido, pois, ao legislador) e como luminar para o próprio processo de interpretação das normas justrabalhistas existentes, adequando-as à evolução social ocorrida (dirigido, pois, ao intérprete e aplicador do Direito). (DELGADO, 2008, p. 59).

Esta função é visível no Direito do Trabalho brasileiro e está prevista no *caput* do art. 7º da CR/88, que afirma que os Direitos Sociais, alinhados naquele artigo, além de outros, visam à melhoria da condição social dos trabalhadores.

Outra função é a política conservadora, que possui como escopo dar „legitimidade política e cultural à relação de produção básica da sociedade contemporânea" (DELGADO, 2008, p. 61), que é o capitalismo.

Esta função propõe a existência do ramo trabalhista na forma com que foi construído para, assim, conservar o sistema capitalista, mesmo que fora do modelo liberal. O Direito do Trabalho, então, existe também para manter os trabalhadores passivos frente às questões políticas do capital[5].

Por fim, há a função civilizatória e democrática, que dita que este ramo do Direito, na história do capitalismo ocidental, é „um dos instrumentos mais relevantes de inserção na sociedade econômica de parte significativa dos segmentos sociais despossuídos de riqueza material acumulada e que vivem somente do próprio trabalho." (DELGADO, 2008, p. 61).

Tal função, mesmo que de forma precária ou tímida, coloca uma distribuição de riqueza necessária à manutenção da paz social, ou do próprio sistema capitalista.

Destaca-se que a estrutura normativa do Direito do Trabalho construiu-se para colocar em prática todas as funções detectadas nos momentos cruciais históricos quando existiu forte explicitação do conflito entre as classes trabalhadora e capitalista (luta de classes).

Então, não há como negar que os princípios de Direito do Trabalho (individuais e coletivos) se prestam para fazer valer as funções do próprio ramo. Nas palavras de Plá Rodriguez (2000, p. 33), são „os princípios que inspiram a ciência da legislação trabalhista".

Sendo assim, e assim é, não há como se negar vigência a nenhum dos princípios deste ramo, muito menos pode qualquer conjuntura econômica ou social alterá-los ou mesmo reduzir a sua força (apesar de que em alguns momentos esta tentativa quase pareceu se realizar[6]).

A respeito dos princípios, Plá Rodriguez (2000, p. 36) destaca-os como sendo:

> [...] linhas diretrizes que informam algumas normas e inspiram direta ou indiretamente uma série de soluções, pelo que podem servir para promover e embasar a aprovação de novas normas, orientar a interpretação das existentes e resolver os casos não previstos.

A descrição dos princípios, pelo mesmo autor, se dá em:

- Princípios jurídicos (a aplicação dos mesmos pode ser controlada pelos tribunais);
- Princípios normativos (não são descritivos, já que não especificam o pressuposto factual);
- Princípios indeterminados (depende da situação técnica concreta para sua certeza – concepções variáveis do justo);

---

(5) Na verdade, essa passividade se refere ao próprio capitalismo. Neste sentido, quase não há mais lutas contra o sistema. No entanto, as manifestações sociais na busca por melhores condições de trabalho permanecem e são, até certo ponto, legitimadas pelo sistema, como a greve, por exemplo.

(6) Por exemplo: terceirização, banco de horas, contrato provisório, trabalho a tempo parcial, etc.

- Princípios supletivos (em relação à legislação, porque surgem como exceção frente às regras gerais). (PLÁ RODRIGUEZ, 2000, p. 36).

Assim, conclui que:

> [...] um princípio é algo mais geral do que uma norma porque serve para inspirá-la, para entendê-la, para supri-la. E cumpre essa missão relativamente a número indeterminado de normas [...]
>
> [...]
>
> Por isso se fala de princípios básicos ou fundamentais, porque servem de cimento a toda a estrutura jurídico-normativa laboral. (PLÁ RODRIGUEZ, 2000, p. 37).

Sobre os princípios, também destaca Lima (2006, p. 332):

> Se a *regra* é o corpo, o *princípio* é a vida e o *valor* a alma. Ao mesmo tempo é vinculante tanto do legislador, como do aplicador da norma. Este, muito mais, porque o legislador pode importar preceitos abstratos de outros sistemas, enquanto o intérprete tem compromisso com a justiça concreta, adaptando a mesma fórmula gramatical transcrita, por exemplo, do Código Civil tedesco, para uma situação dada no interior do Brasil. Ademais, a valoração do legislador estanca-se no tempo, enquanto a valoração de aplicação deve ser a mais atual possível.

Nesta discussão, então, podemos afirmar que o inciso IV, do art. 1º, da CR/88 não traz qualquer contradição ao afirmar, como valores fundamentais da República, o trabalho e a livre-iniciativa.

O que se interpreta deste preceito é a compatibilização que quer o constituinte fazer entre as forças antagônicas do capital e do trabalho.

Assim, são fundamentos da República Federativa do Brasil, além da dignidade da pessoa humana (inciso III, do art. 1º), os valores sociais do trabalho e do capital.

Em atenção a estes fundamentos, a própria norma constitucional cuidou de estabelecer que o valor social do trabalho (preferência do legislador[7]) deve ser objeto de proteção frente ao capital, na medida em que estabelece, em vários de seus preceitos, a adoção do princípio da proteção, da norma mais favorável, do *in dubio pro operario*, da condição mais benéfica e da indisponibilidade de direitos, como se comprova da redação do seu art. 7º, que, no *caput*, permite a criação de novas normas, desde que visem a melhoria da condição social dos trabalhadores.

Assim, a Constituição de 1988 reconhece a hipossuficiência do trabalho frente ao capital e intervém, por meio de suas próprias normas, para estabelecer a proteção social do trabalho e do trabalhador (art. 6º, da CR/88), destacando que a ordem econômica

---

(7) Tal afirmativa será explicada mais adiante.

deve ser fundada (fundamento) na „valorização do trabalho humano e na livre-iniciativa que têm, por finalidade, assegurar a todos existência digna (dignidade da pessoa humana do trabalhador), conforme os ditames da justiça social„ (art. 170, da CR/88).

Essas determinantes realizadas pela norma constitucional brasileira, somadas àquelas previstas pelo art. 8º da CLT, direcionam qualquer intérprete das normas trabalhistas brasileiras, individuais ou coletivas, à aplicação dos princípios não só para suprir a lacuna da norma ou para cobrir casos qualificáveis como vazio jurídico, mas também para reajustar moldes jurídicos inadequados à proteção dos trabalhadores e, principalmente, para restabelecer a eficácia da regra de direito do ramo.

Assim é que o princípio da proteção, além de significar que o Estado reconhece a subordinação jurídica do trabalhador em relação a seu empregador, também reconhece a dependência econômica daquele a este, e a sua vinculação, pessoal e física[8], na execução do serviço que lhe é exigido.

Esse princípio, tido como basilar do ramo trabalhista, promove a atenuação da inferioridade econômica, hierárquica e intelectual dos trabalhadores, por meio da intervenção do Estado para a construção de normas que beneficiem e fortaleçam os trabalhadores frente ao capital, por meio da negociação coletiva que dá força legiferante aos seres coletivos e, também, pela autotutela garantida aos trabalhadores como direito de resistência.

Já o princípio conhecido como *in dubio pro operario* dita que qualquer intérprete ou aplicador da norma trabalhista, no caso de ter dúvida sobre qual a interpretação a ser-lhe dada, deve optar pela interpretação mais benéfica ao trabalhador.

Esse princípio, voltado exclusivamente para a hermenêutica, possibilita ao intérprete e ao aplicador da lei afastar a contaminação política e ideológica da norma, realizando a Justiça Social ditada pelas funções do próprio ramo trabalhista.

Não menos importante é o princípio da norma mais favorável, que pressupõe, no caso de pluralidade de normas, a possibilidade de aplicá-las a um mesmo caso concreto, e dita que o aplicador deve, sempre, optar pela norma mais favorável ao trabalhador. Os fundamentos legais deste princípio, além do *caput* do art. 7º da CR/88, estão nos arts. 444 e 620 da CLT.

Para este trabalho, destaca-se, ainda, o princípio da condição mais benéfica, que pressupõe pluralidade de condições de trabalho e seu conflito, em razão de uma sucessão.

Esse princípio opta pela conservação das condições vantajosas obtidas por aplicação de regras anteriores, se mais benéficas ou não contempladas pela

---

(8) Certo é que hoje temos a subordinação e não mais a sujeição do trabalhador em relação ao tomador de serviços. No entanto, ainda assim, no plano da realidade concreta, a relação de emprego mantém elementos de vinculação pessoal e física, já que o empregador é quem decide quando e como o serviço será desempenhado e o seu comando passa pela pessoa do trabalhador.

regra substituinte, sendo, pois, seu fundamento, o direito adquirido, protegido constitucionalmente (art. 5º, inciso XXXVI, da CR/88). As regras contidas no art. 468 da CLT também o fundamentam, no sentido de não permitir que cláusulas futuras piorem ou revoguem uma situação já delineada em favor do trabalhador.

Esse princípio arrima a teoria da *ultratividade normativa*. Ela pressupõe a vigência da norma coletiva até mesmo após o término da duração do instrumento normativo, já que as cláusulas normativas aderem aos contratos individuais de trabalho[9].

Necessário destacar, ainda, o princípio da indisponibilidade de direitos.

A indisponibilidade de direitos é, sem sombra de dúvidas, um aspecto negativo do poder de dispor, vinculado ao poder de disposição da autonomia privada, não aplicável no Direito Individual do Trabalho, porém aceitável, dentro de limites rígidos, no Direito Coletivo do Trabalho.

Essa indisponibilidade no Direito Individual do Trabalho está relacionada ao fato, incontestável, da hipossuficiência do trabalhador frente ao seu empregador, limitando sua autonomia e impedindo o sujeito, com legitimação e capacidade adequadas no mundo dos fatos, de efetuar total ou parcialmente atos de disposição sobre um determinado direito.

Esse princípio também atrai a aplicação das diferentes regras relativas à aderência contratual das normas coletivas, que, por sua vez, na visão de vários doutrinadores, informa que preceitos normativos, cláusulas e condições de trabalho tendem a aderir ao contrato de trabalho com intensidade e extensão temporais diferenciadas.

Não há como deixar de mencionar, ainda, os grupos[10] de princípios que atuam diretamente no Direito Coletivo do Trabalho, destacados pela doutrina nacional e internacional, mas que, por vontade política do Estado brasileiro, não são reconhecidos como vigentes.

O primeiro grupo destes princípios visa assegurar as condições de existência e afirmação do ser coletivo obreiro, no caso brasileiro, dos sindicatos profissionais. São princípios estruturais. Estão inseridos neste grupo os princípios da liberdade sindical e da autonomia sindical, todos destacados pela Carta Magna (art. 8º), porém não plenamente aplicáveis em razão de interpretações, no mínimo, questionáveis[11].

O segundo grupo visa regular as relações entre os sujeitos coletivos, no caso brasileiro, entre os sindicatos profissionais, os sindicatos patronais ou econômicos e as empresas. Dentro dele se encontram o princípio da interveniência sindical profissional obrigatória; o da necessidade de se garantir, por lei, equivalência dos contratantes coletivos; e o da lealdade e transparência nas negociações coletivas.

---

(9) Este tema será aprofundado no último capítulo.
(10) Essa divisão por grupos de princípios é de Delgado (2008, p. 1.303-1.304).
(11) Os Tribunais vêm entendendo, por exemplo, que somente sete dirigentes sindicais podem ter garantia de emprego (Súmula n. 369 do TST), o que, em certas circunstâncias, desestabiliza a atuação sindical.

O terceiro e último grupo dita regras vinculadas aos efeitos das relações coletivas perante a comunidade jurídica vinculada às normas construídas. Dentro deste grupo se destaca o poder normativo das partes, que autoriza a criatividade jurídica por meio da negociação coletiva.

Desta forma, esta categoria de direitos humanos (os sociais do trabalhador) foi introduzida na Constituição da República de 1988, recebendo o *status* de direitos essenciais do homem, ligados à vida digna por intermédio do exercício do trabalho, estando vinculada, intrinsecamente, ao princípio constitucional da dignidade da pessoa humana.

A adoção, pela Carta de 1988, dos valores sociais do trabalho e da livre- -iniciativa (inciso IV, do art. 1º) como valores fundantes da República, resguarda os direitos sociais dos trabalhadores com cláusula de imutabilidade. Tais cláusulas, pétreas, garantem o que Maranhão (1989, p. 392) chama de „mínimo obrigatório" e Delgado (2008, p. 1.323) de „patamar civilizatório mínimo":

> [...] esse patamar civilizatório mínimo está dado, essencialmente, por três grupos convergentes de normas trabalhistas heterônomas: *as normas constitucionais em geral* [...]; *as normas de tratados e convenções internacionais vigorantes no plano interno brasileiro* [...]; *as normas legais infraconstitucionais que asseguram patamares de cidadania ao indivíduo que labora* [...].

Assim, a interpretação no Direito do Trabalho determina ao intérprete que não ignore a realidade social e os valores que vinculam a atividade judicial e jurisdicional de maior Justiça e solidez. A questão é buscar o direito justo, já que a solução contida na lei não é plena.

Em razão de todo o exposto, podemos afirmar que o Direito do Trabalho deve ser interpretado e aplicado com vinculação ao princípio constitucional fundamental da dignidade humana, cabendo ao intérprete a correção das desigualdades socioeconômicas que imperam ante o processo econômico neoliberal que enfrentamos na atualidade[12] e que visa, ao contrário da norma constitucional, desvalorizar o ser humano em relação ao poder econômico nacional e internacional, afrontando, desta forma, os fundamentos da República (arts. 1º, 3º e 170, da CR/88).

Deve o intérprete, em respeito à *ratio legis* analisada dentro do Estado Democrático de Direito, com o método lógico, histórico e teleológico, compreender os direitos fundamentais sociais por meio de uma dogmática constitucional singular, emancipatória e marcada pelo compromisso com a dignidade da pessoa humana.

E, ainda, a hermenêutica deve, pois, mediante sua plena atividade, enriquecer a interpretação de modo que forneça à norma a força de sentido, de acordo com a

---

(12) Sobre o tema, consultar o próximo capítulo.

principiologia que resguarda o Direito do Trabalho, cabendo ao intérprete a atividade de renovação e integração das normas, ressaltando a importância dos direitos humanos no ramo trabalhista.

Nunca é demais ressaltar que o Estado Democrático de Direito veio para assegurar o exercício dos direitos sociais e individuais, a liberdade, a segurança, o bem-estar, o desenvolvimento, a igualdade e a„ Justiça„ como valores supremos de uma sociedade fraterna, pluralista e sem preconceitos, fundada na harmonia social (arts. 1º, 3º, 5º, 6º e 7º, da CR/88, dentre outros).

Nessa linha, Tavares (2003, p. 58) afirma:

> [...] a diferença social e econômica existente entre ricos e pobres, a exclusão social, as distorções na distribuição das riquezas e a omissão do Estado diante desse quadro de realidade, justifica, legitima e autoriza a desobediência das regras de convivência já postas em sociedade [...].

O autor acima referido conclama os intérpretes e aplicadores da lei a darem exegese construtiva e valorativa às normas fundamentais justrabalhistas, para que se aperfeiçoem os fins teleológicos do Direito do Trabalho e os princípios basilares do Estado Democrático de Direito. O fim ou a finalidade é alcançar a verdadeira Justiça Social com, inclusive, erradicação da pobreza e da marginalização e a redução das desigualdades sociais e regionais (art. 3º, inciso III, da CR/88). O julgador hoje deve se preocupar com o bem e com o mal resultantes do seu *veredictum*.

Assim, não há como tergiversar. O Direito do Trabalho deve ser pensado, interpretado e aplicado sob a luz de seus princípios, que são, como destacado, a realização das funções deste ramo.

Desta forma, é de se reconhecer, de maneira clara e urgente, que o ataque aos direitos sociais, seja pela flexibilização, pela desregulamentação ou pela hermenêutica liberal[13], seja pela negativa de ultratividade às cláusulas normativas e sua aderência aos contratos de todos os trabalhadores[14], constitui um grande risco para a estabilidade social, para a saúde e a vida de milhões de pessoas, e para a própria sobrevivência do sistema capitalista, que sucumbirá sem a suposta paz mundial. Como destacam Souto Maior e Correia (2007, p. 39):

> Do ponto de vista propositivo, para que não se fique aqui apenas falando de coisas, que possam parecer, aos olhos de alguns, etéreas, faz-se necessário que a partir de hoje (agora, já – ou seja, sem qualquer alteração legislativa), passemos a dizer, em nossas sentenças (mesmo sem pedido expresso neste sentido, pois a efetivação dos direitos sociais, que interessa à humanidade, não pode, por óbvio, se sujeitar aos cânones jurídicos da ordem liberal – individualista), em nossas aulas, em nossas peças

---

(13) Esses temas serão aprofundados no próximo capítulo.
(14) Sobre o tema, consultar o último capítulo.

processuais, em suma, em nossas manifestações jurídicas de qualquer natureza (já que a responsabilidade social é conferida a todos), que: a) o direito do empregador de fazer cessar por ato unilateral imotivado o contrato de trabalho não existe mais – se é que, do ponto de vista estritamente jurídico, na ótica do Direito Social, algum dia existiu – e que tal ato, que se caracteriza como uma dispensa arbitrária, enseja ou reintegração ou indenização específica, arbitrada conforme o caso concreto; b) a limitação da jornada é um direito de todos os empregados; c) a terceirização fere a Constituição e também os arts. 2º e 3º da CLT, para o fim de se declarar a relação de emprego direto com o denominado "tomador" dos serviços (ou no mínimo, que o "terceirizado" tem os mesmos direitos, inclusive de natureza coletiva, que o empregado da tomadora, que será sempre responsável solidariamente pelo adimplemento desses direitos); d) a empresa cliente, aquela que está sempre habitando o cotidiano das Varas do Trabalho, em razão das suas agressões reincidentes aos direitos dos trabalhadores, deve pagar uma indenização suplementar pelo dano social provocado; e) os acordos judiciais não podem refletir renúncias a direitos e devem ter como efeito apenas a liberação dos objetos transacionados (ou seja, não tem valor jurídico a fórmula esdrúxula da "quitação do extinto contrato de trabalho"); f) é possível e necessário que se concedam, mesmo sem pedido, tutelas antecipadas para pagamento imediato dos direitos incontroversos devidos aos trabalhadores [...].

É assim, pois, que se pensa o Direito do Trabalho.

CAPÍTULO 2
O PODER NORMATIVO

2.1. ASPECTOS GERAIS E HISTÓRICOS

Chama-se *poder normativo* a prerrogativa de criação normativa. Geralmente o Estado o detém (Poder Legislativo especialmente, mas também o Executivo e o Judiciário). No Direito do Trabalho, porém, este poder legiferante também é conferido às partes, coletivamente consideradas (sindicato dos trabalhadores, sindicato dos empregadores e empresa).

Como se percebe nos estudos sobre a evolução histórica do ramo trabalhista, foram a questão social e o agrupamento organizado dos trabalhadores, fontes materiais do Direito do Trabalho, que deram início a toda a construção do ramo trabalhista.

A oposição entre o operário e a empresa foi se acentuando na medida do aumento da exploração da classe trabalhadora a partir da Revolução Industrial, ao passo que as condições de trabalho mais se tornaram deprimentes, o desemprego campeava, os acidentes de trabalho faziam estatísticas e a massa de trabalhadores parecia tornar-se fisicamente degenerada:

> A imposição de condições de trabalho pelo empregador, a exigência de excessivas jornadas de trabalho, a exploração das mulheres e menores, que constituíam mão de obra mais barata, os acidentes ocorridos com os trabalhadores no desempenho de suas atividades e a insegurança quanto ao futuro e aos momentos nos quais fisicamente não tivessem condições de trabalhar foram as constantes da nova era no meio proletário, às quais podem-se acrescentar também os baixos salários. (NASCIMENTO, 2008, p. 15).

Tudo isso resultou no aparecimento de certa força de resistência da classe operária que foi se concentrando à medida que as fábricas se expandiam.

As condições de vida uniformizadas a um nível tão ínfimo, mesmo assim, criaram certos liames de solidariedade grupal que se fortaleceram ao embate do sofrimento e se intensificaram com a luta aberta que se instalou contra o grupo empresarial e contra o próprio sistema capitalista. A consciência de classe se revelou por meio das primeiras coalizões e, pouco mais tarde, com os movimentos sindicais propriamente ditos:

A força de resistência da classe operária concentrou-se, pois, de início, no associacionismo secreto, grupado à margem da lei, que o perseguia, mas, ainda assim, atuante na autotutela dos interesses de classe e movido pelo instinto de defesa coletiva contra a miséria e o aniquilamento. (GOMES; GOTTSCHALK, 2006, p. 2).

Esta coesão da classe operária, que se tornou mais estreita à medida que se fortificaram os grupos, pelo número e pela consciência grupal, pode ser vista como o impulso inicial para o surgimento do Direito do Trabalho, porque somente daí é que partiram realmente as reivindicações e a necessidade do capital alterar seu viés liberal.

[...] Os movimentos grevistas, a ação direta pela sabotagem, ou pelo boicote; o movimento ludista na Inglaterra e em França; alguns convênios coletivos de existência precária, manifestados desde o início da história do movimento operário, são a prova evidente de que o impulso inicial dado para o aparecimento do Direito do Trabalho foi obra do próprio operário e não benevolência de filantropos, da classe patronal, ou do Estado. Somente a coesão dos integrantes de uma classe ou categoria profissional ou econômica pode impor reivindicações ou direitos. A ação direta do proletariado no quadro das condições adversas que lhe criou a primeira Revolução Industrial foi, pois, o fator principal para a formação histórica do Direito do Trabalho. (GOMES; GOTTSCHALK, 2006, p. 2-3).

Assim, não é absurda a afirmativa de que o Direito do Trabalho tem, em seu nascedouro, a área coletiva, que, por sua vez, criou as condições do surgimento da área individual e isto por mais que algumas legislações, como a brasileira, privilegiem o Direito Individual sobre o Coletivo do Trabalho. Segundo Gomes e Gottschalk (2006, p. 2-3),„ sob este aspecto pode afirmar-se que surgiu, primeiro, um Direito Coletivo impulsionado pela consciência de classe e, em seguida um Direito Individual do Trabalho„. Neste sentido, também:

A ação dos trabalhadores reunindo-se em associações para defesa dos interesses comuns é uma das assinaladas forças modeladoras do direito do trabalho. (NASCIMENTO, 2008, p. 29).

Portanto, quase que intrinsecamente ao Direito do Trabalho, nasceu o poder das partes de construir normas que regeriam suas relações de labor: o poder normativo. Isso especialmente porque, quando de seu surgimento, o Estado, liberal, não exercia qualquer tipo de intervenção nas relações entre particulares, incluídas aí as relações trabalhistas entre patrão e empregado.

Assim, no sistema liberal, o trabalho se concretizou por meio das locações de trabalho, forma jurídica primeva de relação trabalhista. Tal forma de contratação se formatava pela autonomia da vontade entre os contratantes, consistindo no respeito total à liberdade do trabalhador e do empregador que se obrigavam um a prestar serviços e o outro a pagar salários, porém sem quaisquer outras implicações[(1)].

Por óbvio, no entanto, que os empregados, hipossuficientes em relação aos seus empregadores, aderiam às suas vontades, sem o que não conseguiriam nenhum trabalho. Como a igualdade entre trabalhador e patrão era, por óbvio, meramente formal (não havia liberdade ou bilateralidade na estipulação das condições de labor) e como o patrão detinha, além dos meios de produção, todo o controle sobre a vida do trabalhador que dele dependia para sobreviver – destacando-se que sobreviver naquele período era, simplesmente, não morrer de fome –, por certo que esta relação „ livre„ não resistiria muito tempo.

As primeiras formas de produção capitalista eram disseminadas, descentralizadas. O empregador, assim, distribuía a matéria-prima e as máquinas aos trabalhadores que laboravam em suas próprias residências. O mercado, porém, exigia uma produção controlada, barata e regular. Com isso, o empregador reuniu seus funcionários em um mesmo local de trabalho.

Essa reunião fez com que os trabalhadores desenvolvessem consciência coletiva e a solidariedade do grupo passou a se colocar contra a exploração demasiada nas fábricas, com a conscientização de que apenas coletivamente poderiam lutar por melhores salários e condições de trabalho, e isto não obstante fosse juridicamente proibida a união dos trabalhadores, já que desequilibraria a balança do liberalismo, quando empregados e empregadores eram considerados iguais perante a lei. Isso, claro, não passava de mais uma falácia do sistema liberal:

> Todo esse processo desvelava a falácia da proposição jurídica individualista liberal enquanto modelo explicativo da relação empregatícia, eis que se referia a ambos os sujeitos da relação de emprego como seres individuais singelos. Na verdade, perceberam os trabalhadores que um dos sujeitos da relação de emprego, (o empregador) sempre foi um ser coletivo, isto é, um ser cuja vontade era hábil a detonar ações e repercussões de impacto social [...]
>
> Em comparação a ela, a vontade obreira, como manifestação meramente individual, não tem a natural aptidão para produzir efeitos além do âmbito restrito da própria relação bilateral pactuada entre empregador e empregado. O Direito Civil tratava os dois sujeitos da relação de emprego como seres individuais, ocultando, em sua equação formalística, a essencial qualificação de ser coletivo detida naturalmente pelo empregador.

---

(1) Esta„ liberdade„ se deu como forma de superação das antigas relações de trabalho, como as corporações de ofício, que impunham regras de preço, qualidade, quantidade, margem de lucro, forma de trabalho e propaganda, tudo a partir de uma divisão hierarquizada de labor. Foram elas extintas pela Revolução Francesa em razão das máximas de *igualdade, liberdade e fraternidade*, mas, em seu lugar, nada se colocou. Permitiu-se que os homens regulassem direta e individualmente suas relações contratuais de trabalho, sem qualquer organismo intermediário, ficando as relações laborais no campo civilista do Direito.

O movimento sindical, desse modo, desvelou como equivocada a equação do liberalismo individualista, que conferia validade social à ação do ser coletivo empresarial, mas negava impacto maior à ação do trabalhador individualmente considerado. Nessa linha, contrapôs ao ser coletivo empresarial também a ação do ser coletivo obreiro. (DELGADO, 2008, p. 90-91).

A partir desta consciência coletiva[2], os trabalhadores é que conquistaram, pela força da união e autonomamente, sem ingerência estatal[3], melhorias, mesmo que tímidas, nas condições de vida e labor.

Assim, as conquistas trabalhistas, coletivas e individuais, passaram a se efetivar por meio das uniões sindicais dos trabalhadores em tratativas diretas com as empresas, de forma autônoma, especialmente porque estas não conseguiam seguir com seu desenvolvimento produtivo sem o trabalho.

Desta forma, somente depois das grandes lutas operárias é que o Estado capitalista passou a regulamentar as condições de trabalho[4], trazendo, para o seu controle, pelo ordenamento jurídico, as conquistas trabalhistas já realizadas pela classe operária, em uma legislação social afastada do ramo civilista.

Note-se, portanto, que grande parte do movimento de construção normativa, culminado com a intervenção do Estado nas relações de trabalho, veio de baixo para cima e não de cima para baixo.

Sendo assim, desde o surgimento do Direito do Trabalho, os atores sociais tiveram participação essencial na regulamentação de suas condições de vida. Temos aí o poder normativo das partes (autônomo[5]), ou seja, o poder de os próprios sujeitos estipularem suas condições de trabalho:

> A origem das negociações coletivas é atribuída à fase na qual o Estado era omissivo diante da questão social, diante de sua política liberalista, com o que surgiu a espontânea necessidade de organização dos trabalhadores em torno das organizações sindicais. Com a força da greve, os trabalhadores conseguiram levar seus empregadores a concessões periódicas, especialmente de natureza salarial, estendendo-se para outros tipos de pretensões, hoje as mais generalizadas.
>
> Formou-se assim um direito do trabalho autônomo [...]. (NASCIMENTO, 2008, p. 255).

---

(2) Conquistada a partir da quebra dos falsos paradigmas liberais de igualdade entre empregados, individualmente considerados, e empregadores.
(3) Na verdade, o Estado não deixava de intervir totalmente nas relações. Ocorre que esta intervenção era indireta, no sentido de apenas legitimar as pactuações coletivas. Somente num segundo momento é que o Estado realmente interveio diretamente nas relações de trabalho.
(4) Esta intervenção estatal posterior às lutas operárias se deu na maioria dos países capitalistas. No entanto, alguns países tiveram a experiência de normatização heterônoma (intervenção do Estado) antes da autônoma (tratativas diretas entre as partes).
(5) A respeito do poder normativo autônomo, consultar o próximo item.

Desta forma é que se tem, como a mais específica deste ramo do Direito, que, inclusive, o destaca dos demais outros, a função normativa, que dá possibilidade de construção de normas pelos próprios sujeitos da relação coletiva para o alcance da melhoria das condições dos trabalhadores que, certamente, leva à paz social e à redução das desigualdades entre o capital e o trabalho:

> A geração de normas jurídicas é o marco distintivo do Direito Coletivo do Trabalho em todo o universo jurídico. Trata-se de um dos poucos segmentos do Direito que possui, em seu interior, essa aptidão, esse poder, que desde a Idade Moderna tende a se concentrar no Estado. A geração de regras jurídicas, que se distanciam em qualidades e poderes das meras cláusulas obrigacionais, dirigindo-se a normatizar os contratos de trabalho das respectivas bases representadas na negociação coletiva, é um marco de afirmação do segmento juscoletivo, que confere a ele papel econômico, social e político muito relevante na sociedade democrática. (DELGADO, 2008, p. 1.291).

Assim se fez o Direito do Trabalho, por meio do poder normativo conquistado, na luta, pela classe trabalhadora.

É de se destacar, entretanto, que toda essa postura do Estado capitalista, que se viu obrigado a aceitar como legais e legítimas tanto as organizações da classe trabalhadora quanto sua competência normativa, esteve vinculada à capacidade de mobilização dos trabalhadores. Assim é que a correlação de forças entre o capital e o trabalho é a força motriz do próprio Direito do Trabalho.

Não é por acaso que o direito material do trabalho inclui, em sua divisão esquemática, o Direito Coletivo do Trabalho, que, por sua vez, destina-se não só a disciplinar os interesses coletivos dos trabalhadores coletivamente considerados, mas também à criação de regras, normas e condições que, além de reger os sujeitos coletivos, também irão incidir na qualidade de direitos e obrigações nos contratos individuais de trabalho de seus respectivos representados.

E é exatamente em razão deste conteúdo – criação de normas jurídicas que regerão as relações entre empregados e empregadores de forma geral e abstrata – que as regras por eles construídas, não importando por meio de qual instrumento, possuem nítido caráter social e normativo.

Essa prerrogativa legiferante é, assim, um mecanismo de solução dos conflitos coletivos de trabalho. Nesta perspectiva, também se coaduna com outra típica função do Direito Coletivo do Trabalho, qual seja, a função de *pacificação de conflitos de natureza sociocoletiva* (DELGADO, 2008, p. 1.291). "Os diversos instrumentos do Direito Coletivo do Trabalho são meios de solução de importantes conflitos sociais, que são aqueles que surgem em torno da relação de emprego, ganhando projeção grupal, coletiva." (DELGADO, 2008, p. 1.291).

Então, na hipótese de conflito coletivo, foi reconhecida pelo Estado, aos sujeitos conflitantes coletivamente considerados, a prerrogativa de solucioná-lo com o poder normativo autônomo, isto por meio da técnica denominada *negociação coletiva*:

> Negociação coletiva é forma de desenvolvimento do poder normativo dos grupos sociais segundo uma concepção pluralista que não reduz a formação do direito positivo à elaboração do Estado. É a negociação destinada à formação consensual de normas e condições de trabalho que serão aplicadas a um grupo de trabalhadores e empregadores. (NASCIMENTO, 2001, p. 539).

> É possível, ainda, aduzir outra função da negociação, a criação de normas que serão aplicadas às relações individuais de trabalho, desenvolvidas no âmbito da sua esfera de aplicação. Essa é sua função precípua, presente desde as primeiras negociações sobre tarifas, nas relações de trabalho dos países europeus, destinadas a fixar o preço do trabalho. A sua importância, como fonte de regulamentação dos contratos individuais de trabalho, é das maiores, sendo essa sua missão, e por si só justificadora de sua existência. (NASCIMENTO, 2000, p. 308).

Portanto, postas as partes a negociarem coletivamente, elaborarão instrumentos que, dada a especificidade do instituto, possuirão natureza jurídica normativa (exercício do poder normativo), ou seja, de lei em sentido material, no limite das respectivas representações.

É exatamente em razão disto que os instrumentos denominados normativos possuem conteúdo de lei (norma jurídica) e forma de contrato, quando se tratar de instrumento normativo autônomo (celebrado diretamente entre os sujeitos coletivos sem qualquer interferência de um terceiro: convenção coletiva de trabalho e acordo coletivo de trabalho – convênios coletivos); ou de sentença, quando se tratar de instrumento normativo heterônomo (elaborado por um terceiro estranho aos próprios sujeitos coletivos, como a sentença normativa):

> Distingue-se, entretanto, a sentença normativa da sentença clássica, no que concerne à sua substância, o seu conteúdo. É que ela não traduz a aplicação de norma jurídica existente sobre relação fático-jurídica configurada (como verificado nas sentenças clássicas); não é, por isso, rigorosamente, exercício de poder jurisdicional. Ela, na verdade, expressa, ao contrario, a própria criação de normas jurídicas gerais, abstratas, impessoais, obrigatórias, para incidência sobre relações *ad futurum*. Por essa razão, a sentença normativa, do ponto de vista material (isto é, substantivamente, sob a ótica de seu conteúdo), equipara-se à lei em sentido material. Em decorrência dessa dualidade, que lhe é atávica, é que Calamandrei produziu a hoje clássica referência à sentença normativa como „corpo de sentença, alma de lei".

A sentença normativa, portanto, é "ato-regra" (Duguit), "comando abstrato" (Carnelutti), constituindo-se em ato judicial (aspecto formal) criador de regras gerais, impessoais, obrigatórias e abstratas (aspecto material). É lei em sentido material, embora preserve-se como ato judicial do ponto de vista de sua forma de produção e exteriorização. (DELGADO, 2008, p. 158).

As convenções coletivas, embora de origem privada (normas autônomas), criam regras jurídicas, isto é, preceitos gerais, abstratos, impessoais, dirigidos a normatizar situações *ad futurum*. Correspondem, consequentemente, à noção de lei em sentido material, traduzindo ato-regra ou comando abstrato. São, desse modo, do ponto de vista substantivo (seu conteúdo), diplomas desveladores de normas jurídicas típicas, tal como a sentença normativa. Do ponto de vista formal, porém, despontam as convenções coletivas de trabalho como acordos de vontade, contratos – na linha dos atos jurídicos (negócios jurídicos) privados bilaterais ou plurilaterais. (DELGADO, 2008, p. 160).

[...] Nos acordos coletivos também comparecem ao pacto seres coletivos – a exemplo do ocorrido nas convenções – tipificados nas figuras do sindicato obreiro e do ser coletivo empresarial. A par deste aspecto subjetivo, também do ponto de vista objetivo os preceitos do acordo coletivo têm estatuto óbvio de normas jurídicas, não só por considerarem os trabalhadores em caráter universal (*uti universi*), e não em caráter singular (*uti singuli*), como ainda por terem em si evidente caráter geral e abstrato. (DELGADO, 2008, p. 161).

A doutrina é praticamente unânime neste sentido:

Para os adeptos da teoria mista da convenção coletiva, hoje em absoluta maioria no campo da doutrina pelo seu modo de formação, identifica-se ao contrato *lato sensu*, isto é, tomada a expressão no seu sentido mais amplo de negócio jurídico bilateral. Por seu conteúdo, assemelha-se à norma jurídica, entendida esta na acepção ampla de preceito regulador de relações jurídicas, por via geral.

[...]

A natureza e os efeitos das disposições normativas do contrato coletivo resultam da finalidade sociológica, isto é, do fato de que são os instrumentos da função normativa autônoma de dito contrato. Em cumprimento desta função, a convenção coletiva cria, mediante essas disposições, normas trabalhistas objetivas autônomas para os contratos individuais de trabalho. [...] são verdadeiras normas jurídicas. (GOMES; GOTTSCHALK, 2006, p. 621-622).

Dentro da tipicidade da convenção, é ela normativa, como acentua Olea, ou, então, não é uma legítima convenção. É indeterminada quando de sua celebração, tornando-se concreta somente quando de sua execução nos contratos individuais de trabalho. Por isso mesmo, tinha razão Carnelutti quando declarava ter o contrato coletivo corpo de contrato (acordo de declarações de vontade), mas alma de lei (na sua aplicação indeterminada *ad futurum*).

O contrato coletivo é um híbrido, que tem o corpo do contrato e a alma da lei; mediante o mecanismo contratual desempenha uma força que transcende o direito subjetivo, e desencadeia um movimento, que vai além da relação jurídica entre as partes. (MORAES FILHO, 1989, p. 34).

É nesse sentido que deve ser interpretada a CLT quando dispõe que as convenções coletivas são um acordo de caráter normativo. São normas jurídicas, portanto. São normas elaboradas pelos sindicatos. O Estado admite essa atividade normativa sindical, respeita-a, atribui-lhe efeitos e a considera parte integrante da ordem jurídica. (NASCIMENTO, 2001, p. 554).

Desta forma, em razão do poder normativo, exercido por meio da negociação coletiva ou da intervenção estatal, foram definidos como instituições do Direito Coletivo do Trabalho no Brasil, dentre as principais, a convenção coletiva de trabalho, o acordo coletivo do trabalho e a sentença normativa.

Todos estes instrumentos pressupõem negociação coletiva, sendo por ela que se exerce o poder normativo que, como visto, poderá ser autônomo, quando nascer de negociação coletiva direta entre os sujeitos conflitantes, ou heterônomo quando, a partir da frustração desta negociação, as partes o transferem a um terceiro para que este decida o conflito. Sintetizando a matéria, Grillo (1989, p. 396):

O poder normativo ordinário, próprio da soberania do Estado e inerente à sua atividade jurídica de declarar o direito, em matéria de normas especiais de trabalho é exercido, também, pelas entidades sindicais representativas dos trabalhadores em conjunto com os empregadores ou seus respectivos sindicatos e, ainda, supletivamente, pela Justiça do Trabalho.

Do poder normativo extraordinário concedido às entidades sindicais e à Justiça do Trabalho derivam os instrumentos coletivos de trabalho, também chamados de instrumentos normativos (denominação que usaremos neste estudo), gênero do qual são espécies os acordos e as convenções coletivas (de natureza contratual) e as sentenças normativas (de natureza jurisdicional).

Destaque-se que as negociações coletivas são justificáveis apenas no plano coletivo, já que os trabalhadores, individualmente considerados, são hipossuficientes em relação aos seus empregadores. Assim, são indisponíveis seus direitos, não lhes possibilitando qualquer negociação individual[6] que afete tal indisponibilidade[7]:

> O trabalhador, sozinho, não tem condições de negociar a contento com o empregador [...]. É que o vínculo de emprego apresenta, como característica básica, a subordinação, que é exatamente a dependência em que se põe o trabalhador diante do empregador [...].
>
> A subordinação [...] retira a possibilidade de nivelamento para discussão livre de interesses em desfavor do subordinado, que é o trabalhador. (NASCIMENTO, 2001, p. 541).

Já por meio de suas respectivas representações sindicais, os trabalhadores não são considerados pela doutrina como hipossuficientes, em razão de sua união, organização e força, ou seja, são formalmente equiparados às empresas ou aos sindicatos das empresas, podendo dispor, pelo menos relativamente, sobre as condições de trabalho e de alguns dos direitos trabalhistas já existentes. Trata-se da autonomia privada coletiva:

> [...] A autonomia privada coletiva é o poder social dos grupos representados autorregularem seus interesses gerais e abstratos, reconhecendo o Estado a eficácia plena dessa avença em relação a cada integrante dessa coletividade, a par ou apesar do regramento estatal – desde que não afronte norma típica de ordem pública. (SÜSSEKIND et al., 2002, p. 1.162).

É assim que, individualmente, há o contrato de trabalho que – apesar da natureza jurídica contratual – possui em suas regras a indisponibilidade, devendo, as partes contratantes, obedecer aos critérios do princípio da condição mais benéfica.

Já coletivamente, às partes é dada a possibilidade de estabelecerem condições normativas, porém com autonomia privada relativa, vez que, nestas tratativas, não se coloca possível a redução do patamar de condições e direitos protetivos ao trabalho, salvo nas hipóteses restritas contidas nos incisos VI, XIII e XIV do art. 7º da CR/88[8], devendo, ainda assim, se respeitar as normas cogentes, de interesse social e de ordem pública.

E ainda, a possibilidade de redução dos salários (inciso VI) e aumento da jornada em turnos ininterruptos de revezamento (inciso XIV) somente subsistirá mediante transação, nunca mediante renúncia:

---

(6) Deve-se ressalvar, no entanto, as negociações que alterem favoravelmente o contrato de trabalho (art. 468 da CLT), já que a vedação é de uma alteração contratual lesiva.
(7) Isso, é claro, de uma maneira geral. Certo é que em algumas situações, como, por exemplo, nos processos trabalhistas, há possibilidade de disposição destes direitos, o que se justifica, teoricamente, em face da incerteza, no caso concreto, de sua existência.
(8) Art. 7º [...] VI – irredutibilidade do salário, salvo o disposto em convenção ou acordo coletivo; [...] XIII – duração do trabalho normal não superior a oito horas diárias e quarenta e quatro semanais, facultada a compensação de horários e a redução da jornada, mediante acordo ou convenção coletiva de trabalho; XIV – jornada de seis horas para o trabalho realizado em turnos ininterruptos de revezamento, salvo negociação coletiva; [...]

A nosso ver, as convenções coletivas só podem ir até onde a Constituição expressamente permite. Vale dizer: podem reduzir salários, compensar horários, aumentar a jornada dos que trabalham em turnos ininterruptos de revezamento.

Mas não é só esse o limite. Na primeira e terceira hipóteses, é preciso haver algum tipo de contrapartida. E essa contrapartida não pode se resumir à simples suspensão, por parte da empresa, de ameaças expressas ou veladas, como a de fechar suas portas, dispensar em massa ou mudar-se para Bombaim.

[...]

Assim, uma redução de salários, por exemplo, deve se fazer acompanhar de uma redução de jornada, ou de uma maior garantia no emprego, ou de uma partilha no poder diretivo, ou de outra compensação bem palpável. (VIANA, 2001, p. 58-59).

2.2. PODER NORMATIVO AUTÔNOMO: OS CONVÊNIOS COLETIVOS

Como já mencionado, o Estado concedeu[9] às partes, coletivamente consideradas (sindicatos e empresas), o poder de criarem norma jurídica que irá, além de integrar os contratos individuais de trabalho, regular a vida e a convivência entre elas e, especialmente, aderir ao ordenamento jurídico vigente. Esta foi a opção do legislador brasileiro.

Mais de três séculos de economia escravocrata no Brasil foram determinantes para que relações vinculadas ao trabalho não fossem objeto de qualquer tratamento jurídico, ou mesmo de atenção social.

Entre os fins do século XIX e início do século XX, surgiram algumas indústrias no país, e, simultaneamente, aglomerados operários, de forma semelhante à verificada nos primórdios da Revolução Industrial nos países centrais. É certo que a classe trabalhadora brasileira de então não possuía tradição de luta, como ocorria naqueles países.

O fim da escravidão levou a um processo imigratório, visando substituição de mão de obra, aportando, no Brasil, grande volume de trabalhadores, principalmente europeus, que já contavam com experiência e acúmulo histórico de reivindicações, lutas e formação ideológica mais consolidada.

Os imigrantes italianos, espanhóis, portugueses e outros tiveram forte influência nas primeiras experiências de mobilização dos operários brasileiros.

---

(9) Na verdade, como já destacado, a construção normativa trabalhista se deu, de maneira geral, pelos próprios atores sociais. Somente depois é que o Estado, intervindo nas relações trabalhistas, resolveu regulamentar seus institutos.

Não obstante todas as tentativas e pressões da burguesia, estabeleceu-se resistência operária e ideologia sindical fora do Estado e fora da lei, de forma autônoma, plural e independente, na criação de normas trabalhistas.

Até então, este poder normativo dos atores sociais, desenvolvido por meio de lutas, não estava abrigado no ordenamento jurídico brasileiro, o que não impediu que a classe trabalhadora lutasse por seus direitos, sendo certo que a própria regulação estatal, em favor da burguesia, foi uma maneira de o Estado agasalhar e limitar os avanços que vinham sendo obtidos pelo movimento dos trabalhadores. Assim fez Getúlio Vargas em 1930, ao criar o Ministério do Trabalho e, em 1931, ao atrelar a este os sindicatos.

Com isso, no Brasil, a primeira menção à normatização coletiva foi posta pelo Decreto n. 19.770/31 (arts. 7º e 10). No entanto, a legislação apenas garantia a possibilidade de celebração de acordos entre os sujeitos coletivos, mas não regulamentou o instituto.

A primeira legislação que regulou o instituto da normatização coletiva foi o Decreto n. 21.761/32. No entanto, como nunca houve um histórico de *grandes* lutas sociais no Brasil, esta regulamentação se deu mais por„ uma antecipação do Estado do que um reclamo dos trabalhadores„ (SÜSSEKIND *et al.*, 2002, p. 1.153). Neste mesmo sentido destacou Russomano, citado por Süssekind e outros (2002, p. 1.153):

> No Brasil, entretanto, o fenômeno foi inverso: reconhecida a utilidade do instituto pelo legislador, antes de tê-lo sido pelo povo e pelos sindicatos, o contrato coletivo não foi produto natural de um costume e sim um produto artificial da lei. Imposto ou facultado, não veio de baixo pra cima: do povo para o código. Veio de cima para baixo: do código para o povo.

Assim, o poder normativo apenas foi explicitado a partir do Decreto n. 21.761/32, que, pela falta de experiências sociais próprias, foi inspirado no direito positivo francês (Lei francesa de 1919). Este Decreto deu, ao instrumento de negociação, a denominação de„ convenção coletiva de trabalho„ e estipulou duração mínima de um e máxima de quatro anos, admitindo, no entanto, sua prorrogação tácita e sua celebração por prazo indeterminado. Essas convenções coletivas eram aplicáveis apenas aos membros dos sindicatos, podendo o Ministro do Trabalho torná-las aplicáveis a toda a profissão.

Inegável que o poder normativo das partes passou, então, a não somente ser exercido, mas a ser, principalmente, reconhecido pelo Estado. As normas autônomas passaram a integrar não só os contratos individuais de trabalho, mas também o ordenamento jurídico.

Após sua primeira regulamentação, as convenções coletivas de trabalho continuaram a ser reconhecidas pelo Estado, com a Carta Constitucional de 1934 (art. 121, §1º, alínea j), permanecendo com sua eficácia restrita aos trabalhadores associados dos sindicatos convenentes. Esse critério se manteve na Carta de 1937 (art. 37, alíneas a e b), que, no entanto, alterou a denominação do instituto para „contrato coletivo de trabalho„.

Em 1939, por meio do Decreto-Lei n. 1.237/39, os contratos coletivos de trabalho foram estendidos a toda a categoria profissional (art. 28, alínea d), o que logo em 1943, com a promulgação da CLT (Decreto-Lei n. 5.452/43), foi descartado.

Na CLT, o contrato coletivo de trabalho (art. 611) era aplicável apenas para associados do sindicato, podendo ser estendido, mais uma vez (a teor do Decreto n. 21.761/32), a todos os membros da categoria por ato do Ministro do Trabalho (art. 612), desde que fosse do interesse público. Ademais, o prazo máximo de duração dos contratos coletivos foi reduzido para dois anos (art. 620).

A Constituição de 1946, reconhecendo o instituto, restaurou sua denominação para„ convenção coletiva de trabalho„ (art. 157, inciso XIII), denominação esta mantida pela Constituição de 1967 (art. 158, inciso XIV) e pela Emenda Constitucional n. 1 de 1969 (art. 165, inciso XIV).

Em 1967, todo o capítulo referente aos contratos coletivos foi alterado (arts. 611 a 620) pelo Decreto-Lei n. 227/67. A denominação „contrato coletivo de trabalho„ foi substituída por „convenção coletiva de trabalho„[10], instrumento que, então, teve sua eficácia estendida a todos os membros da categoria profissional convenente. Além disso, outro instrumento foi criado: o acordo coletivo de trabalho.

Os reflexos do movimento sindical da década de 70, o Novo Sindicalismo[11], desaguaram na Carta de 1988, que, no que diz respeito aos convênios coletivos (acordo coletivo de trabalho e convenção coletiva de trabalho), pouco inovou até hoje e, não obstante a isso, até mesmo para possibilitar o ingresso da normatividade trabalhista na política de desregulamentação e flexibilização de direitos sociais, deu grande ênfase à negociação coletiva, proclamando o reconhecimento dos instrumentos dali decorrentes (art. 7º, inciso XXVI, da CR/88).

A Constituição de 1988, além de reconhecer as convenções e os acordos coletivos de trabalho, tornou obrigatória a participação do sindicato profissional nas negociações coletivas (art. 8º, inciso VI), o que revela a preocupação com paridade entre os sujeitos, já que o empregado, individualmente considerado, é hipossuficiente em relação ao seu empregador e, portanto, somente pela figura coletiva do sindicato terá autonomia para negociar.

Assim, temos que o poder normativo das partes é exercido por meio de um dos pressupostos das instituições de Direito Coletivo do Trabalho, que é a negociação

---

(10) No entanto, alguns artigos da CLT não foram devidamente atualizados. Assim, a expressão„ contrato coletivo„ ainda permanece em seu texto, mas deve ser entendida como„ convenção coletiva de trabalho„. Por exemplo: arts. 59, §1º; 61, §1º; 71; 235; 239; 295; 391, parágrafo único; 444; 462 e 513, alínea b.
(11) Movimento sindical de base deflagrado no final da década de 70 no Brasil.

coletiva. Ajustam cada uma das partes do contrato, coletivamente representadas, um instrumento autônomo coletivo de trabalho, concluindo-se, portanto, que quem possui poder normativo, no Direito do Trabalho brasileiro, são seus sujeitos, coletivamente considerados, a teor do atual art. 7º, *caput* e inciso XXVI, da CR/88, que estipula, além da função central do Direito do Trabalho[12], o reconhecimento dos acordos e convenções coletivas do trabalho. Nas palavras de Cesarino Junior (1957, p. 275)," a atribuição dada aos sindicatos de firmar contratos coletivos de trabalho obrigatórios para todos os seus associados constitui o que se denomina o seu poder normativo."

E a entrega deste poder aos próprios sujeitos coletivos se justifica, principalmente, em razão da mutabilidade das relações empregatícias somada com a demora do Legislativo e a necessidade da paz social, o que, inclusive, comprova a adoção, pela Carta de 1988, do pluralismo jurídico, ou seja, da" teoria da origem estatal e não estatal do direito positivo[13]" (NASCIMENTO, 2008, p. 248).

Assim, autônomo é o poder normativo por meio do qual os sujeitos do Direito Coletivo (sindicatos e empresas) põem fim, diretamente e sem intermédio de um terceiro, a um conflito coletivo, celebrando, consequentemente, um instrumento normativo autônomo (acordo coletivo de trabalho ou convenção coletiva de trabalho).

Os sindicatos, como legítimos representantes da categoria, bem como as empresas, possuem a prerrogativa, portanto, de produção legislativa, conferida pela Constituição em seu art. 1º, parágrafo único. Acrescente-se que os instrumentos autônomos de composição dos conflitos coletivos, como mencionado, foram elevados, pela Carta de 1988, ao patamar de direitos sociais.

Por convenção coletiva de trabalho, podemos entender, nos dizeres do art. 611 da CLT, um" acordo de caráter normativo pelo qual dois ou mais sindicatos representativos de categorias econômicas e profissionais estipulam condições de trabalho aplicáveis, no âmbito das respectivas representações, às relações individuais de trabalho."

Já os acordos coletivos de trabalho estão regulados no § 1º do art. 611 da CLT, que afirma:

> É facultado aos sindicatos representativos de categorias profissionais celebrar Acordos Coletivos com uma ou mais empresas da correspondente categoria econômica, que estipulem condições de trabalho, aplicáveis no âmbito das empresas acordantes às respectivas relações de trabalho.

Este último possui a mesma estrutura da convenção coletiva de trabalho, tendo forma de contrato (ajuste de vontades) e conteúdo normativo. Os acordos

---

(12) A respeito dessa função, consultar o capítulo anterior.
(13) O autor explica ainda que" o pluralismo jurídico sustenta a diversificação de processos de formação do direito [...]. Existem normas jurídicas criadas pelo Estado e também por outros grupos sociais [...]," (NASCIMENTO, 2008, p. 248).

coletivos se diferenciam das convenções coletivas, basicamente, no que tange aos seus sujeitos e sua abrangência.

Isso porque os acordos coletivos, ao contrário das convenções, não são celebrados entre entidades sindicais profissionais e econômicas. Os acordos são celebrados entre sindicatos da categoria profissional e uma ou mais empresas. Consequentemente, as normas ali produzidas serão aplicáveis apenas aos empregados que trabalham nas empresas acordantes.

Os convênios coletivos, portanto, são frutos de manifestação de vontade dos sujeitos coletivos, legitimados que são por seus representados, por meio de suas instâncias de deliberação e representação. Possuem dupla função: solucionar uma disputa trabalhista e constituir ou declarar regras gerais.

2.3. PODER NORMATIVO HETERÔNOMO: A SENTENÇA NORMATIVA

O fato de os sujeitos coletivos possuírem poder normativo não significa que entrarão, necessariamente, em um consenso. Não é incomum, portanto, que a negociação coletiva se frustre. Assim, como resolver o conflito?

Atente-se, primeiramente, para o fato de que as partes envolvidas, e somente elas, têm condições adequadas para decidirem, exatamente, o que a elas melhor convém, já que acompanham de perto e vivem próximas à realidade que permeia as negociações. Preferencialmente, então, a resolução dos problemas deverá ser atribuída às partes.

No entanto, na impossibilidade de resolução do conflito de forma autônoma, outras formas de pacificação deverão ser encontradas. No Brasil, optou-se pela intervenção de um terceiro para, assim, resolver a contenda, sendo a ele transferido o poder normativo originalmente atribuído aos sujeitos coletivos.

Esse poder normativo, até então privativo das partes no Direito do Trabalho, foi estendido à Justiça do Trabalho pela Carta de 1934, reiterado na Constituição de 1937, porém somente foi implantado e regulamentado, na legislação infraconstitucional, pelo Decreto-Lei n. 1.237/39.

A partir de então, os sujeitos coletivos, em caso de dissenso na resolução de seus conflitos, poderiam transferir seu poder normativo à Justiça do Trabalho para que esta, com sua sentença normativa, pusesse fim à questão.

Desde então, o poder normativo heterônomo permanece em nossa legislação. Esse poder, atribuído à Justiça do Trabalho, é exercido por meio da ação denominada dissídio coletivo de natureza econômica, instrumento pelo qual as partes, comprovando a frustração da negociação, transferem aos Tribunais trabalhistas seu poder normativo, para que uma sentença normativa estabeleça as condições de trabalho que regerão suas relações.

Portanto, além das fontes autônomas vinculadas a este ramo especial, como o acordo coletivo de trabalho e a convenção coletiva de trabalho, temos as heterônomas, que se dão quando as partes delegam sua capacidade de legislar a um terceiro, neste caso, a Justiça do Trabalho, e esta profere a sentença normativa.

É de se mencionar que este poder normativo heterônomo da Justiça do Trabalho, também perpetuado nas Constituições de 1946 (art. 123, § 2º) e de 1988 (art. 114, § 2º), surgiu no Brasil influenciado pela "Carta del Lavoro" italiana, conforme informa Martins Filho (2003, p. 14):

> A atribuição de um "poder normativo" à Justiça do Trabalho brasileira teve como paradigma a "Carta del Lavoro" do regime fascista instaurado na Itália por Benito Mussolini, onde se conferia à magistratura do trabalho italiana o poder de dirimir os conflitos coletivos de trabalho, mediante fixação de novas condições laborais (Lei n. 563/26, art. 13).

Neste mesmo sentido, explica Romita (2001, p. 101):

> O poder normativo foi implantado no Brasil juntamente com a Justiça do Trabalho. Previsto, inicialmente, pela Constituição de 1934, a sua instituição foi reproduzida pela Carta outorgada de 10 de novembro de 1937, porém, implementada praticamente, no plano da legislação infraconstitucional, pelo Decreto-lei n. 1.237, de 1939. Era a época do Estado Novo, ambiente político fechado, ditatorial, autoritário, que pretendia implantar no Brasil a organização da economia em bases corporativas, tomando como modelo o fascismo da Itália de *Mussolini*.

É preciso observar, porém, que a influência da "Carta del Lavoro" não foi absoluta, como explicam Süssekind e outros (2002, p. 64):

> Afirma-se comumente que a Comissão da CLT se inspirou na *Carta Del Lavoro*. Tal acusação, além de confundir o todo com uma de suas partes, revela, sem dúvida, o desconhecimento da evolução das leis brasileiras sobre o Direito do Trabalho. Dos onze títulos que compõem a Consolidação, apenas o V, relativo à organização sindical, corresponde ao sistema então vigente na Itália.

De fato, o sistema corporativista implantado por Getúlio Vargas possuía, no que tange ao Direito Coletivo do Trabalho, uma concepção fascista. Com isso, o regime privilegiava, na lei, o contrato individual do trabalho sobre o coletivo com a intenção, almejada, de dividir e controlar os trabalhadores frente à empresa. Desprezar o coletivo, priorizando o individual, significava despertar uma disputa entre os trabalhadores com a finalidade de desmantelar a união e a resistência coletivas. Com isso, acabou-se com a liberdade e autonomia sindicais. Os sindicatos ficaram, definitivamente, atrelados ao Ministério do Trabalho e dele se tornaram dependentes para tudo, inclusive, sobrevivência econômica (imposto sindical).

Ocorre que, não obstante a cooptação do sindicalismo, restava ainda uma questão a ser resolvida. Quando da explicitação dos conflitos inerentes ao capital e trabalho, como o Estado poderia intervir camufladamente e, ao mesmo tempo, convencer os trabalhadores de que, na verdade, esta intervenção estava sendo feita em seu favor?

Foi neste marco que houve a dação, à Justiça do Trabalho, de amplos poderes para intervir nos sindicatos, na vida do trabalhador e, especialmente, para acabar, de forma rápida, com a explicitação dos conflitos coletivos que, por acaso, surgissem. Assim, no ápice do intervencionismo camuflado, estabeleceu-se o poder normativo heterônomo.

Intervindo, o Estado garantiria a manutenção do suposto interesse comum, independentemente da vontade dos atores sociais, síntese, esta, da ideologia fascista que norteava as ações do Estado brasileiro.

Com isso, portanto, o poder normativo, no que tange ao seu exercício autônomo, restou claramente inserido dentro dos aspectos políticos e ideológicos da Constituição de 1988, que adotou o Estado Democrático de Direito. Porém, sua manutenção na Justiça do Trabalho, ou seja, na forma heterônoma, além de frontal desencontro com os aspectos político-ideológicos da nova Carta, tem demonstrado, para muitos, um desacerto, em virtude de ser algo antagônico ao processo de negociação coletiva.

Nascimento (2000, p. 323) explica a contradição entre o sistema intervencionista e a liberdade negocial, desde o início dessa cooptação (em 1931):

> As bases legais em que está fundamentada a negociação coletiva situam-se no ordenamento jurídico intervencionista do corporativismo estatal, que prestigia a lei em detrimento da autonomia coletiva dos particulares, marcado pelo contraste entre o controle do sindicalismo, pelo governo (decreto n. 19.770, de 1931) e o reconhecimento, meramente formal, das convenções coletivas de trabalho (Decreto n. 21.764, de 1932), em manifesta contraposição, como se fossem harmonizáveis a intervenção do Estado na organização sindical e a liberdade de negociação coletiva dos sindicatos.

Por isso mesmo é que a doutrina e a jurisprudência brasileiras, apesar de reconhecerem a existência das duas manifestações do poder normativo, têm a tendência de privilegiar a autônoma em detrimento da heterônoma.

Martins Filho (2003, p. 35-36) enumera as desvantagens, apontadas pela doutrina, da manutenção do poder normativo dentro da esfera heterônoma:

a) O enfraquecimento da liberdade negocial, pois diante da menor dificuldade na negociação direta, as partes buscam a justiça do trabalho para, ao contrário de apostarem na explicitação do conflito e no exercício da capacidade de autocomposição do mesmo, uma intervenção estatal.

b) O desconhecimento real das condições do setor, pois há um despreparo técnico do magistrado, podendo-se ocorrer instrução falsa quanto aos elementos fáticos.

c) A demora nas decisões, sendo que a justiça brasileira é toda estruturada em estímulos ao recurso, fazendo com que o dinamismo das relações de trabalho não se compatibilize com o vagar no processo decisório judicial. O judiciário passa a atuar com a lentidão do legislativo.

d) A generalização das condições de trabalho, decorrente do desconhecimento específico do setor por parte dos magistrados, fazendo com que as condições de cada empresa ou mesmo setor não seja levada em consideração para a composição. Daí os precedentes normativos generalizados que são mais parecidos com leis (genéricas) do que com as normas específicas referentes às condições especiais do trabalho.

e) A incompatibilidade com a democracia pluralista e representativa, vez que o modelo corporativista de intervenção estatal na solução dos conflitos coletivos é próprio do Estado totalitário e não democrático, pois atenta contra a liberdade de negociação coletiva, atenta contra a possibilidade de se explicitar o conflito, adota solução impositiva e impede o desenvolvimento de uma atividade sindical autêntica e livre.

f) Maior índice de descumprimento da norma coletiva, pois não sendo fruto da vontade direta e do consentimento das partes, mas de imposição estatal, muitas vezes distante da realidade, provoca descumprimentos, gerando um maior índice de dissídios individuais.

No entanto, é bom ressaltar que a cooptação dos sindicatos pelo Estado (com o consequente controle das manifestações e dos conflitos sociocoletivos) não foi a única razão para que o poder normativo heterônomo se estabelecesse no Brasil. Esse fenômeno também se explica:

> [...] pelo dinamismo das relações econômico-trabalhistas, cuja rápida evolução e alteração nas condições de prestação de serviços exige que a consequente regulamentação jurídica do novo contexto socioeconômico seja também rápida.
>
> [...]
>
> A incapacidade do Poder Legislativo editar, com a celeridade necessária, leis que estabeleçam as condições adequadas da prestação de serviços nas mais variadas atividades laborais faz com que se atribua ao Judiciário

Trabalhista essa competência, de modo a evitar o conflito social decorrente do embate entre capital e o trabalho nas relações coletivas laborais. (MARTINS FILHO, 2003, p. 12).

Além disso, como uma das funções do Direito Coletivo do Trabalho é a pacificação dos conflitos sociocoletivos[14], a manutenção do poder normativo heterônomo, no ordenamento jurídico brasileiro, até que se justifica, já que não há interesse da sociedade em manter aceso um conflito que, coletivo por natureza, tem grandes chances de ultrapassar os portões da fábrica e, assim, gerar danos. Sobre o que denomina "função política das negociações coletivas", Nascimento (2001, p. 543) explica:

> O equilíbrio do sistema político pode ser atingido pelas perturbações na ordem social, resultantes, às vezes, dos conflitos trabalhistas e na medida da generalização destes. Não é interesse do governo a luta permanente entre as classes sociais, de modo que a adoção de mecanismos adequados para evitar o atrito é do interesse geral da sociedade como um todo.

Martins Filho (2003, p. 37), além de apontar esta "necessidade social de superar o impasse na ausência de autocomposição", o que legitimaria a "intervenção estatal para solver o impasse", também aponta como argumento para manutenção do poder normativo heterônomo a:

> [...] ausência de um sindicalismo forte no Brasil, sendo que a maior parte das categorias e dos empregados não goza de amparo de sindicatos fortes, o que torna débil o poder de negociação, escassas as greves e parcas as vantagens que se poderia obter através de acordo.[15]

Decerto que os instrumentos mais eficazes para pôr fim aos conflitos de bases coletivas são os autônomos (convenções e acordos coletivos de trabalho). No entanto, enquanto não existir base legal, doutrinária e jurisprudencial para assegurar um sindicalismo forte no Brasil, já que os princípios da autonomia e liberdade sindicais foram e são mitigados pelo constituinte e pelos intérpretes da norma[16], infelizmente os sindicatos, não raro, terão que buscar apoio no Poder Judiciário.

E este amparo, mais do que nunca, se faz necessário. Isso porque o legislador constituinte derivado, em sintonia com a doutrina e a jurisprudência que privilegiam as composições autônomas dos conflitos coletivos, promulgou, no dia 31 de dezembro de 2004, a Emenda Constitucional n. 45.

Agora, as entidades sindicais profissionais necessitam de um "comum acordo" (art. 114, § 2º, da CR/88) para a instauração dos dissídios coletivos de natureza

---
(14) A respeito dessa função, consultar o primeiro item deste capítulo.
(15) A respeito da crise do sindicalismo, consultar o próximo item.
(16) Como, por exemplo, a manutenção da regra da unicidade sindical e a limitação, em sete, do número de dirigentes sindicais com garantia de emprego (Súmula n. 369 do TST), já referida.

econômica[17]. Vinculou-se, assim, o amparo jurisdicional à concordância da outra parte. Consequentemente, os trabalhadores perdem[18] um importante instrumento que, apesar das críticas[19], tem sido utilizado para, pelo menos, garantir a manutenção das normas coletivas previstas nos instrumentos normativos anteriores.

Isso porque por meio da pactuação autônoma os sindicatos profissionais nem sempre conseguem garantir a manutenção do que já haviam conquistado, uma vez que a jurisprudência tem se direcionado para a não incorporação, aos contratos de trabalho, dos benefícios previstos nos instrumentos normativos[20].

Já no caso dos dissídios coletivos, o legislador constituinte derivado[21], ao limitar o acesso ao poder normativo heterônomo, não optou pelo melhor caminho para fortalecer e desenvolver o poder normativo autônomo e, a partir dele, a liberdade negocial. O estímulo à negociação coletiva passa, na verdade, pelo fortalecimento dos sindicatos. E uma maneira desta força ser conquistada é a garantia de plena liberdade e autonomia sindicais. Neste sentido:

> Quer se considerem os prolegômenos da evolução das normas coletivas negociadas, quer se considerem as dificuldades de seu processo de implantação no Brasil destes dias, não discrepam os autores na afirmação de que a liberdade sindical – aí incluída a liberdade de associação – constitui o primeiro ponto para a propulsão desta fórmula de regulação das relações de trabalho. (LOPES, 1998, p. 94).

Portanto, parece que somente a partir do fortalecimento das entidades sindicais é que o almejado estímulo às negociações se dará. Para que o sindicato tenha plena capacidade negocial, o Estado deve conceder-lhe aparatos e instrumentos necessários para que essa negociação seja, realmente, equilibrada. Com o tempo, garantidas a liberdade e a autonomia plenas dos sindicatos, a pactuação autônoma, naturalmente, se equilibrará:

> A intervenção do Estado nos levava a resultados duradouros porque sempre resultava um vencido, fosse empregador ou empregado, e negócios se acumulavam, impedindo um bom relacionamento. E capital e trabalho teriam de se entender para que se chegasse à paz social, e isso viria a acontecer ao ser atingido o estágio apontado por *Georges Scelle*: „ No princípio foi a lei do patrão; hoje é a lei do Estado; no futuro será a lei das partes„. (SÜSSEKIND *et al.*, 2002, p. 1.150).

---

(17) De acordo com o entendimento majoritário do Tribunal Superior do Trabalho.
(18) Na verdade, o„ comum acordo„, nos termos da interpretação majoritária do TST, limita e dificulta o acesso ao poder normativo heterônomo. Ocorre que, na prática, os trabalhadores acabam „ perdendo„ esse acesso ao Judiciário, já que a opção da classe patronal tem sido em não anuir com o dissídio coletivo, pois assim se consegue pressionar, de modo mais veemente, a classe trabalhadora que, sem a sentença normativa, deverá optar entre a greve e a negociação coletiva precarizante. A opção mais comum é a negociação.
(19) Críticas ligadas, principalmente, à sua origem fascista.
(20) A respeito das teorias sobre a aderência contratual das normas coletivas, consultar o próximo capítulo.
(21) Emenda Constitucional n. 45, de 2004.

2.4. NEGOCIAÇÕES COLETIVAS, FLEXIBILIZAÇÃO E CRISE DO SINDICALISMO

A negociação coletiva, que possibilita o exercício do poder normativo, pressupõe uma organização livre, forte e autônoma da classe trabalhadora em contraposição à força do capital, condições estas que geraram o próprio Direito do Trabalho e que devem ser garantidas pelo Estado. Em não o sendo, o poder normativo pode servir exclusivamente ao capital na busca pelo lucro e o Direito do Trabalho correrá o risco de se degradar ao ponto de virtualmente desaparecer.

Apesar de não ter sido essa a intenção do legislador constitucional brasileiro, muito menos da sociedade brasileira, com a abertura da crise do sistema capitalista, que esgotou sua fase de produção em massa e consumo em massa, o capitalismo se viu com condições objetivas – a classe trabalhadora e as suas organizações estão enfraquecidas – de tentar voltar ao passado, alterando o modelo do Estado do Bem-Estar Social para o sistema liberal, ou neoliberal, onde o poder normativo se presta, principalmente, para a retirada de direitos ou para a flexibilização destes.

Assim é que o Estado capitalista, revisando o pensamento do sistema anterior, o liberalismo, e constatando que os trabalhadores estão coletivamente fracos para resistirem às mudanças, impõe um pensamento (neoliberalismo) no qual a lei deixa de garantir direitos aos trabalhadores e passa a garantir direitos aos patrões, afastando o Estado progressivamente das relações obrigacionais.

É exatamente neste momento que se vive. O Direito do Trabalho está sendo criticado pelos patrões. Afirmam que os direitos dos trabalhadores são muitos e custam caro. Os próprios sindicatos passam a acreditar neste discurso, legitimando e permitindo a progressiva redução e flexibilização destes direitos. A respeito dessa crise:

> A década de 1980 presenciou, nos países de capitalismo avançado, profundas transformações no mundo do trabalho, nas suas formas de inserção na estrutura produtiva, nas formas de representação sindical e política. Foram tão intensas as modificações, que se pode mesmo afirmar que a classe-que-vive-do-trabalho sofreu a mais aguda crise deste século, que atingiu não só a sua materialidade, mas teve profundas repercussões na sua subjetividade e, no íntimo inter-relacionamento destes níveis, afetou a sua forma de ser. (ANTUNES, 1995, p. 15).

Além disso, o sindicalismo se defronta com uma nova barreira no início da década de 90, reforçada pelo pensamento neoliberal globalizado: a *reestruturação produtiva* (inovações organizacionais do processo produtivo):

> Particularmente nos últimos anos como respostas à crise dos anos 70, intensificaram-se as transformações no próprio processo produtivo, através do avanço tecnológico, da constituição de formas de acumulação flexível

e dos modelos alternativos ao binômio taylorismo/fordismo, onde se destaca, para o capital, especialmente, o toyotismo. Essas transformações, decorrentes, por um lado, da própria concorrência intercapitalista e, por outro, dada pela necessidade de controlar o movimento operário e a luta de classes, acabaram por afetar fortemente a classe trabalhadora e o seu movimento sindical e operário. (ANTUNES, 2007, p. 43).

Nas palavras de Viana (2001, p. 61):

> Mesmo nos países centrais europeus, de rica experiência em termos de luta operária, o movimento sindical passa por maus momentos.
>
> Na verdade, houve três períodos diferentes. No início dos anos 80, as empresas optaram pela automação radical – e simplesmente despediram grande número de trabalhadores, ignorando os sindicatos. Como a relação custo/benefício não foi a esperada, passaram a adotar um *coquetel* de inovações tecnológicas, máquinas tradicionais e sobretudo novos métodos de organização do trabalho, importados do Japão.
>
> Essas *reengenharias* reclamavam a adesão dos trabalhadores, e por isso permitiram aos sindicatos algumas contrapartidas, especialmente em termos de participação. Com a recessão dos anos 90, as empresas intensificaram o ritmo de trabalho e voltaram a dispensar em massa. Ao mesmo tempo, trocaram a estratégia da "colaboração" pelo autoritarismo. Com tudo isso, o movimento sindical retomou o processo de fragilização.

Certo é que "o modelo dos chamados anos de ouro do capitalismo industrial, que se estenderam da década de 40 até o início da década de 70" (VIANA, 2002, p. 12), pressupunha produção em massa e consumo em massa, o que gerava sindicatos de massa:

> De um lado, a empresa grande, de operários em massa, produzindo em massa, vendendo em massa e disposta até a gastar em massa com reajustes salariais. De outro, o sindicato grande, reunindo as mesmas multidões, e legitimando-se sempre mais, a cada conquista.
>
> Na verdade, e tal como no quebra-cabeças, o sindicato correspondia a esse modelo de empresa. Cada um dos atores sociais era a contraface do outro. Daí o equilíbrio. Não foi por outra razão que também para o sindicato aqueles anos foram gloriosos, pelo menos nos países centrais. (VIANA, 2002, p. 12).

Portanto, o antigo *fordismo*[22] foi substituído pelo *toyotismo,* que pressupõe produção enxuta, consumo preestabelecido (*just-in-time*) e fábricas descentralizadas (terceirização). A incompatibilidade entre o novo modelo de produção e o antigo

---
(22) Que, justamente, pressupunha essa produção e esse consumo em massa.

modelo sindical é clara. Os sindicatos, criados e espelhados nas grandes plantas empresariais, já não se compatibilizam com as enxutas empresas:

> O próprio sindicato sente dificuldade em recompor a unidade desfeita. Na verdade, ele surgiu não tanto como resposta ao sistema, mas a um modo de ser desse mesmo sistema, representando pela fábrica concentrada. Na medida em que a fábrica se dissemina, o sindicato perde a referência, o seu contraponto. (VIANA, 2003, p. 134).

> Hoje, as peças já não se encaixam como antes. O novo modo de produzir não corresponde ao sindicato. A moderna empresa já não abriga multidões uniformes, trabalhando anos a fio, em jornada plena, sofrendo os mesmos dramas e sonhando sonhos iguais. Como dizíamos, ela se fragmenta e se diversifica, e com isso despedaça o movimento sindical. Com a diferença que ela controla – e ele não – cada um de seus pedaços. (VIANA, 2002, p. 13).

Certamente, então, uma crise também se instaurou dentro do sindicalismo brasileiro. O enfraquecimento dos sindicatos vem junto com a quebra da solidariedade grupal (o trabalhador terceirizado se torna inimigo do trabalhador efetivado, este temendo por seu emprego e aquele desejando o emprego do outro) e a diluição das categorias (realizando os mesmos serviços dentro da mesma fábrica há, agora, trabalhadores com categorias e direitos diferenciados):

> Mas os trabalhadores pagam ainda um outro preço pela terceirização. No limite, a empresa em rede resolve aquela contradição a que nos referimos, e que tem sido, ao longo dos tempos, a principal responsável pelo Direito do Trabalho. Ela consegue produzir... sem reunir.

> Ao se fragmentar, a empresa também fragmenta o universo operário; mas, ao se recompor, formando a rede, não o recompõe. Os terceirizados não se integram aos trabalhadores permanentes.

> Às vezes, a relação entre uns e outros chega a ser conflituosa: os primeiros veem os segundos como privilegiados, enquanto estes acusam aqueles de pressionar para baixo os seus salários. Mas os trabalhadores de cada segmento também competem entre si pelo emprego sempre mais precário e escasso. (VIANA, 2003, p. 133-134).

Pois bem, já que uma organização sindical efetiva e funcional se espelha na organização estrutural das fábricas, e já que a estrutura dessas está alterada, certo é que os sindicatos não sobreviverão caso não se reorganizem[23], principalmente

---

(23) Esta reorganização não está acontecendo na velocidade com que deveria acontecer. Os sindicatos ainda se espelham na antiga forma de produção empresarial vertical e em massa. Ressalte-se, inclusive, que o próprio sistema confederativo (sindicatos, federações e confederações) se espelha na organização vertical-hierárquica das grandes plantas empresariais. Essa morosidade não é culpa dos sindicatos, mas sim de um sistema, ainda vigente, que não dá subsídios para uma plena liberdade e autonomia sindicais. Viana (2003, p. 142) destaca que o sindicato

porque o mundo do trabalho no Brasil atual, quando a grande discussão passa pela redução dos custos para a sobrevivência e majoração dos lucros, vê-se pressionado a mudar o modelo sindical para implementar, quase que de forma definitiva, a grande máxima do modelo liberal capitalista: o negociado sobre o legislado.

Esse planejamento se destaca pela possibilidade de os direitos dos trabalhadores serem reduzidos pelos próprios sindicatos, com base na flexibilização. Ou seja, a nova lógica do sistema, legitimada pelo Estado, pretende acabar com os direitos dos trabalhadores por meio da negociação coletiva com sindicatos profissionais fracos ou que apoiam o governo, o que transformará o poder normativo das partes, de instrumento da paz social e de melhoria das condições da classe que vive do trabalho, em instrumento de redução de direitos e aumento dos lucros empresariais.

Tal dinâmica está na dependência da organização e união da classe trabalhadora, vez que, caso não se organize, caso não lute pelos seus direitos, a tendência será o desaparecimento gradual do Direito do Trabalho[24] e isto afetaria a vida de todos os trabalhadores, inclusive daqueles que hoje têm emprego com carteira assinada e que passariam a não ter mais emprego, como já acontece com as fraudes dos „trabalhos informais„.

São estas as reflexões que se colocam quanto à análise do fenômeno „flexibilização dos direitos trabalhistas„ para aqueles que operam o Direito, sugerindo uma nova exegese frente à norma constitucional vigente, especialmente no que concerne à aderência irrestrita das condições normativas favoráveis[25], que visam à melhoria das condições sociais dos trabalhadores brasileiros.

Vive-se, hoje, em tempos de globalização da economia capitalista e de liberalismo econômico e político. Giglio (2002, p. 402) assim atesta:

> [...] na onda do neoliberalismo, o Poder Executivo ensaiou modificar o art. 7º da Constituição Federal, que agasalha os direitos dos trabalhadores. As sondagens políticas prévias, no Congresso Nacional, revelaram uma inesperada resistência à alteração pretendida. Ao invés de enfrentá-la, preferiu o governo contorná-la, apresentando o Projeto de Lei n. 5.483, de fins de setembro de 2001, para dar nova redação ao art. 618 da CLT [...].

É interessante notar que a tentativa de solucionar o problema da classe empresarial brasileira com a implementação generalizada da flexibilização dos direitos não tem rendido a quantidade de frutos pretendidos. Necessário, então, fragilizar, ainda mais, as representações sindicais profissionais e fazer constar, da lei, a possibilidade do negociado sobrepor-se ao legislado.

---

está acompanhando esse movimento só em parte.„ De um lado ele se decompõe; de outro, tenta se reunificar, mas apenas através das centrais. Acontece que as centrais englobam sindicatos de categorias já dispersas. Assim, a fragmentação das bases dificulta a reunificação pela cúpula„.
(24) Desaparecimento da forma como o conhecemos, sendo possivelmente reestruturado como um„ Direito Civil do Trabalho„ (VIANA, 2002, p. 14).
(25) A respeito deste tema, consultar o próximo capítulo.

Já que o capital e o governo não conseguiram quebrar integralmente a resistência dos sindicatos obreiros para aderirem ao projeto de "reforma trabalhista", tentam resolver a questão a partir da raiz: sucateiam e fragilizam os sindicatos para, posteriormente, declararem a sua capacidade e competência para a negociação coletiva – lembrando que a negociação coletiva é obrigatória no ordenamento jurídico brasileiro e que a situação conjuntural de desemprego coloca-os na defensiva e na impossibilidade de resistirem, por muito tempo, à pressão empresarial e governamental.

Sobre política governamental para os sindicatos obreiros, Giglio (2002, p. 403) afirma que:

> [...] o fortalecimento dos sindicatos não é, certamente, meta governamental, pois somente poderia ser alcançado numa Economia em expansão de pleno emprego e de mercado carente de mão de obra, em que a pressão exercida por grande número de associados forçasse a melhoria das condições de emprego. Esses patamares parecem um sonho impossível, na situação econômica em que vivemos atualmente.
>
> No quadro de recessão e desemprego de nossos dias, os sindicatos estão cada vez mais fragilizados, sem poder de barganha [...].

É exatamente assim que se encontram os sindicatos profissionais brasileiros frente à política de flexibilização e desregulamentação dos direitos trabalhistas: fracos, desorganizados, sem representatividade e desacreditados.

Por isso mesmo é que o problema não se restringe ao fato de se suprimir ou reduzir certos benefícios históricos da classe trabalhadora, mas também e, principalmente, porque tais perdas estão se convalidando no âmbito dos próprios sindicatos, por meio das negociações coletivas:

> Assim, o problema não é tanto o ataque frontal que se faz a certas regras do Direito do Trabalho, mas o processo de inversão de suas fontes. Viradas pelo avesso, elas se voltam contra si mesmas, como certos lagartos que devoram a própria cauda.
>
> Em outras palavras: o que há de mais grave não é a alteração ou revogação de certas normas – o que pode ser até eventualmente defendido, aqui e ali – mas a circunstância de que *isso está se dando através de convenções coletivas*. Vale dizer: com a participação dos próprios sindicatos.
>
> Mais do que os direitos, portanto, o que está mudando é a própria dinâmica que levava à sua criação. O aparato que servia à conquista agora serve, tendencialmente, à reconquista. É como acontece nas batalhas, quando os soldados tomam as armas dos inimigos e disparam às suas costas. (VIANA, 2001, p. 57).

Não se pode admitir, assim, que a crise do Direito do Trabalho seja transferida para a negociação coletiva e, dentro desta perspectiva, não se pode admitir que as conquistas dos trabalhadores – as cláusulas e condições por eles amealhadas por décadas – deixem de aderir, de forma definitiva, aos seus contratos de trabalho. Neste sentido, leciona Viana (2002, p. 12):

> Em vários países – inclusive no nosso – grande parte dos direitos trabalhistas veio sob a forma de normas de ordem pública, impondo patamares mínimos à própria negociação coletiva. Ao mesmo tempo, grande parte da doutrina defendia a tese de que até as normas convencionais se inseriam definitivamente nos contratos, não podendo sofrer alterações para pior.
>
> Com isso, o sindicato profissional se sentava sem medo à mesa de negociações. No máximo, podia não ganhar. Perder era uma hipótese impossível, em termos jurídicos. E era exatamente essa restrição à convenção coletiva que a libertava para cumprir seu verdadeiro papel enquanto fonte do Direito do Trabalho, reduzindo em grau crescente as taxas de mais-valia.

Pois bem, este é um dos desafios postos para aqueles que abraçam o Direito acima da lei e que será objeto de considerações no próximo capítulo, que tratará da aderência, nos contratos de trabalho, das normas e condições de trabalho previstas nos instrumentos coletivos. Vale, por fim, mais uma advertência de Viana (1999, p. 895):

> [...] não se trata apenas de saber o que o futuro nos espera, mas o que o futuro espera de nós. E não há neutralidade possível. Ou ajudamos a demolir o direito, ou lutamos para reconstruí-lo; ou nos curvamos à nova ordem, ou semeamos alguma desordem nessa ordem que impera no caos [...].

CAPÍTULO 3
A ADERÊNCIA CONTRATUAL DAS NORMAS COLETIVAS

3.1. O CONTEÚDO DOS INSTRUMENTOS NORMATIVOS: CLÁUSULAS OBRIGACIONAIS E NORMATIVAS

É importante delimitar, antes da análise específica a respeito dos limites à aderência contratual das normas coletivas, quais são as cláusulas que realmente podem aderir aos contratos individuais de trabalho.

Isso porque os instrumentos normativos, sejam eles autônomos (convenções e acordos coletivos de trabalho) ou heterônomos (sentenças normativas), possuem, em geral, duas espécies de cláusulas: cláusulas obrigacionais e cláusulas normativas:

> Deve-se à doutrina germânica do começo do século a diferença entre os tipos de cláusulas estipuladas nos acordos coletivos para, de acordo com a natureza de cada tipo, reconhecer-lhes um efeito próprio e um tratamento diverso.
>
> Foi nesse sentido que *Sinzheimmer* observou que existiam preceitos voltados para os contratos individuais e outros para as entidades sindicais e empresas. [...]
>
> As cláusulas, estipuladas nos convênios coletivos, são de dois tipos, *obrigacionais* e *normativas*. (NASCIMENTO, 2000, p. 304).

Essa divisão se dá porque, além da regulamentação a respeito das condições de trabalho da categoria (essência das pactuações coletivas), os instrumentos normativos podem prever condições contratuais direcionadas aos sujeitos que os celebram. Moraes Filho (1989, p. 34), analisando o art. 611 da CLT destaca:

> Neste enunciado legal encontram-se os dois tipos de cláusulas da convenção: as normativas (que regulam para o futuro as condições de trabalho, individualmente consideradas, em cada contrato) e as obrigacionais (que obrigam as próprias partes sindicais que celebram o convênio).

As cláusulas denominadas *obrigacionais* são aquelas que estipulam direitos e obrigações apenas aos sujeitos coletivos convenentes (no caso de convênios coletivos) ou suscitantes (no caso de sentença normativa), vale dizer, sindicatos e/ou empresas. Normalmente são cláusulas que estabelecem obrigações recíprocas, acessórias ao pacto, a fim de facilitar sua aplicação e seu cumprimento. Possuem, assim, natureza contratual, gerando efeitos apenas às partes pactuantes (*inter pars*):

Cláusulas obrigacionais são as que criam deveres para as próprias partes (p.e. os sindicatos, na convenção), como as sanções por seu inadimplemento, a criação de comissões paritárias para dirimirem divergências quanto à sua interpretação, as que impõem o dever de paz ou de influência junto aos membros da categoria, no sentido da observância das obrigações a que os sujeite o acordo ou a sentença, a instituição de processos de recurso e de mecanismos de conciliação e arbitragem, a criação de obras sociais, como colônias de férias e creches. (SILVA, 1999, p. 109).

Já as cláusulas denominadas *normativas* são aquelas que realmente estipulam condições de trabalho a serem aplicadas às categorias, no limite das respectivas representações, possuindo, portanto, efeitos *erga omnes*. Por estabelecerem preceitos gerais, abstratos e impessoais, direcionados a reger as relações individuais de trabalho, possuem natureza normativa:

> Os instrumentos coletivos negociais em exame contêm, basicamente, *regras jurídicas* e *cláusulas contratuais*. Noutras palavras, seu conteúdo engloba, ao mesmo tempo, *dispositivos normativos* e *dispositivos obrigacionais*.
>
> As *regras jurídicas*, de maneira geral, são aquelas que geram direitos e obrigações que irão se integrar aos contratos individuais de trabalho das respectivas bases representadas. Consubstanciam a razão de ser da negociação coletiva, enquanto mecanismo criador de fontes normativas autônomas do Direito do Trabalho. Tendem a compor, naturalmente, a maior parte dos instrumentos coletivos trabalhistas. (DELGADO, 2008, p. 1.385-1.386).

Como as cláusulas obrigacionais não possuem natureza normativa e, ainda, por serem direcionadas aos sujeitos signatários do instrumento (ou suscitantes do dissídio coletivo), não se inserem nos contratos individuais de trabalho.„ As cláusulas obrigacionais criam direitos e deveres entre os sujeitos estipulantes [...]. Não se incorporam nos contratos individuais de trabalho, porque a eles não se referem„. (NASCIMENTO, 2000, p. 304).

Já as cláusulas normativas, que possuem um nítido conteúdo normativo, estabelecem regras a serem aplicadas aos trabalhadores por seus empregadores. Assim, integram e se projetam nos contratos individuais de trabalho:

> Assim, de um modo geral, o conteúdo das convenções coletivas é constituído de dois tipos de fundamentais de cláusulas: as obrigacionais e as normativas, segundo os seus destinatários; as primeiras, as cláusulas obrigacionais, são dirigidas aos sindicatos e empresas signatárias dos acordos; as cláusulas normativas, e que são as mais expressivas, são dirigidas aos empregados e empresas e aos seus respectivos contratos individuais sobre os quais se projetarão.
>
> [...]

O conteúdo normativo é o núcleo dos acordos e a sua parte principal, a sua verdadeira razão de ser: a constituição das normas para os contratos individuais de trabalho. (NASCIMENTO, 2000, p. 305-306).

Como a celeuma relativa à aderência contratual dos instrumentos normativos se dá no que tange ao potencial da *norma* coletiva em aderir, ou não, a um determinado contrato de trabalho, tem-se que o debate se limita às cláusulas *normativas* dos instrumentos coletivos, já que somente essas é que se integrarão aos contratos de trabalho.

3.2. AS TEORIAS SOBRE A ADERÊNCIA CONTRATUAL

Nos dizeres do art. 611 da CLT, *caput* e § 1º:

Art. 611. Convenção Coletiva de Trabalho é o acordo de caráter normativo pelo qual dois ou mais sindicatos representativos de categorias econômicas e profissionais estipulam *condições de trabalho aplicáveis*, no âmbito das respectivas representações, *às relações individuais de trabalho*. (grifos nossos).

§1º. É facultado aos sindicatos representativos de categorias profissionais celebrar Acordos Coletivos com uma ou mais empresas da correspondente categoria econômica, que estipulem *condições de trabalho, aplicáveis* no âmbito das empresas acordantes *às respectivas relações de trabalho.* (grifos nossos).

Como acima destacado, o direcionamento legal se dá no sentido de que as cláusulas normativas dos convênios coletivos aderem aos contratos, já que suas disposições serão aplicáveis às relações individuais do trabalho.

Note-se que, como as sentenças normativas são substitutas dos convênios coletivos, caso frustrada sua celebração (art. 114, § 2º, da CR/88), possuem o mesmo conteúdo normativo que estes:

Pois bem, ambos os institutos – sentença e convenção coletiva – contêm normas gerais e abstratas, de eficácia *erga omnes*. A sentença coletiva, sempre sustentamos, não é mais do que uma convenção coletiva forçada, ou seja, imposta às categorias em litígio. Calamandrei, escrevendo sobre o poder normativo da justiça do trabalho, realça que „a intervenção do juiz representa o sucedâneo da conclusão do contrato, que não se fez". (MENEZES, 1957, p. 124-125).

Como suas diferenças se dão apenas no que tange à origem e à forma, com certeza as cláusulas normativas heteronomamente adquiridas também aderirão aos contratos de trabalho:

A sentença normativa só não é um convênio coletivo quanto à origem e à forma, mas a ele se equivale, por certo, na essência. Por isso, não constitui abuso afirmar que a sentença normativa é o convênio coletivo imposto a uma das partes, que se recusou à negociação, por provocação da outra, na qual os Juízes substituem o suscitado ou suscitados, acolhendo ou rejeitando a instituição de cada cláusula proposta. (GRILLO, 1989, p. 397-398).

A mencionada inserção das cláusulas normativas nos contratos individuais de trabalho se dá de forma automática, como mostra a doutrina:

> As cláusulas contidas na convenção coletiva são *inderrogáveis* pelos contratos individuais de trabalho (art. 623 da CLT), substituindo *automaticamente às destes*. Trata-se do chamado *efeito imediato* ou *obrigatório* da convenção coletiva, que resulta de prescrição legislativa. (GOMES; GOTTSCHALK, 2006, p. 628).

> Sua *causa final* é dupla, *solucionar* uma disputa trabalhista e, com isso, *constituir* ou *declarar* regras gerais que servirão durante um prazo como norma para as relações entre trabalhadores e empregadores, automaticamente aderindo-se aos contratos individuais de trabalho e às relações coletivas entre as organizações sindicais e empresas. (NASCIMENTO, 2008, p. 286).

> Na relação entre contrato individual e contratação coletiva, vigora o *princípio da inserção*, segundo o qual as normas coletivas se inserem nos contratos individuais a que elas se reportam. (BERNARDES, 1989, p. 368).

> Se os instrumentos normativos estipulam condições de trabalho aplicáveis, no âmbito das respectivas representações, às relações individuais de trabalho, é obvio que substituem, a partir de sua vigência, toda e qualquer norma individual preexistente, salvo aquelas mais favoráveis ao empregado, e devem, obrigatoriamente, ser estipuladas nos contratos individuais celebrados durante a sua vigência. Com isso, a norma coletiva se insere no contrato individual, automaticamente.

> [...] se o instrumento normativo concede benefícios ao empregado (alteração benéfica), a norma se insere automaticamente no contrato individual, passando a se incorporar ao patrimônio jurídico do obreiro. Se, entretanto, a norma coletiva é lesiva ao empregado (alteração negativa), a mesma resulta ineficaz. (GRILLO, 1989, p. 399-400).

> Já as cláusulas normativas possuem a natureza e a eficácia de uma norma jurídica, pairando acima da vontade das partes, pois instituem condições de trabalho que se aplicam a uma coletividade profissional determinada e se inserem nos contratos individuais de trabalho, modificando-os automaticamente e neles permanecendo, mesmo que venham a ser extintas as convenções ou acordos. (COSTA, 1991, p. 169).

Portanto, as teorias sobre o potencial de aderência contratual das normas coletivas ultrapassam qualquer debate quanto à sua aplicabilidade imediata. A divergência se limita à eficácia no tempo das cláusulas normativas, ou seja, se aderirão provisoriamente ou de forma definitiva aos contratos de trabalho.

Mencione-se, por necessário, que em razão do princípio da irredutibilidade salarial, estabelecido no art. 7º, VI, da CR/88, as cláusulas normativas relativas a reajustes e pisos salariais, uma vez estipuladas, incorporam-se indefinidamente aos contratos de trabalho:

> A jurisprudência se tem consolidado, dada a diferente tradição de nosso direito, no sentido da consumação no patrimônio jurídico do empregado alcançado, das vantagens *salariais* oriundas de negociação coletiva. Não ocorre assim porém, concluímos, em princípio, com as demais cláusulas, que precisam guardar o seu caráter precário [...]. (BERNARDES, 1989, p. 368).

> [...] a jurisprudência tem considerado – com razão – que o *patamar salarial* resultante de instrumentos coletivos fixadores de reajustes salariais adere, sim, permanentemente, aos contratos de trabalho em vigor no período de vigência do respectivo diploma, mesmo após cessada tal vigência. (DELGADO, 2008, p. 1.400).

Ressalte-se, no entanto, que em caráter excepcional, a Constituição de 1988 permite a redução do patamar salarial básico (salário-base[1]), por meio da própria negociação coletiva, nos termos do inciso VI do art. 7º, o que faz com que essa „incorporação„ não seja tão absoluta assim[2].

Essa redução, no entanto, deve ser uma medida emergencial e provisória, sendo certo que deverá vir acompanhada de contrapartida patronal, pois se trata de uma transação. Com isso, apesar dos reais prejuízos advindos da perda de um patamar salarial, esses serão minimizados com a concessão de outro benefício.

Assim, as divergências doutrinárias e jurisprudenciais a respeito do tema *aderência contratual das normas coletivas* tendem a se limitar à chamada *ultratividade*[3], ou não, das cláusulas normativas (que não sejam as de reajustes e pisos salariais):

> O estudo dos efeitos das cláusulas dos contratos coletivos de trabalho é direcionado a dois aspectos, o *subjetivo* e o *objetivo* [...]; o segundo, envolve a questão da eficácia dos contratos coletivos no tempo e a discussão sobre sua *ultratividade* nos contratos individuais de trabalho depois do término da vigência do instrumento coletivo não renovado. (NASCIMENTO, 2000, p. 310).

---

(1) Respeitado, de qualquer forma, o salário mínimo legal.
(2) Como já mencionado, essa relativização da incorporação das cláusulas pode se dar em três oportunidades: redução salarial (art. 7º, inciso VI, da CR/88); compensação da jornada de trabalho (art. 7º, inciso XIII, da CR/88) e aumento da jornada de trabalho em turnos ininterruptos de revezamento (art. 7º, inciso XIV, da CR/88).
(3) Incorporação das cláusulas normativas nos contratos de trabalho e sua vigência, mesmo após o término da duração do instrumento.

Os autores referem-se, também, ao efeito da "ultra-atividade" da convenção coletiva, para significar a sua vigência após o prazo de duração, enquanto as partes discutem a elaboração de uma nova. (GOMES; GOTTSCHALK, 2006, p. 628).

Para ilustrar a celeuma, tem-se como exemplo uma categoria profissional que, representada por seu sindicato, resolve celebrar uma convenção coletiva de trabalho com o sindicato da categoria econômica respectiva e, no instrumento celebrado, insere-se cláusula normativa prevendo adicional de horas extras no valor de 100% da hora normal.

Certo é que tal previsão estabeleceu, no âmbito do ordenamento jurídico, uma norma mais favorável e, no âmbito contratual (já que no contrato se insere), uma condição mais benéfica, pois a regra geral constitucional é de um adicional de 50% sobre o valor da hora normal (art. 7º, inciso XVI, da CR/88). Assim, por se tratar de norma mais favorável, a cláusula ora mencionada é válida (art. 7º, *caput*, da CR/88).

Não há dúvidas de que, durante a vigência do instrumento normativo, a regra estabelecida será aplicável a todos os trabalhadores da categoria profissional respectiva que, durante este período, trabalharem nas empresas representadas pelo sindicato da categoria econômica convenente.

No entanto, esgotado o prazo de duração do instrumento e, levando-se em conta que outro instrumento imediatamente posterior ainda não foi celebrado, pergunta-se: os trabalhadores da categoria profissional respectiva continuarão percebendo horas extras com o adicional de 100% ou este regredirá aos 50% constitucionais?

Em outras palavras, a cláusula normativa se incorporará aos contratos de trabalho a ponto de ser exigível mesmo após o término da duração do instrumento, ou a cláusula normativa perderá sua eficácia imediatamente após o término do período estabelecido para duração do instrumento?

Três são as teorias que tentam responder a esta pergunta. Cada uma delas apresenta limites (ou ausência de limites) diferenciados para a incorporação, nos contratos individuais, das normas coletivas.

A primeira teoria defende que a incorporação das normas coletivas se limita ao período de duração do instrumento normativo, sendo que após seu término suas cláusulas perdem a eficácia. Trata-se da teoria da "aderência limitada pelo prazo" (DELGADO, 2008, p. 161). Essa corrente nega completamente a ultratividade normativa, ressalvadas, como já visto, as cláusulas de reajustes e pisos salariais.

A segunda teoria defende a incorporação definitiva das normas coletivas, ou seja, as cláusulas normativas aderirão aos contratos individuais de trabalho a ponto de não mais poderem ser suprimidas ou alteradas em prejuízo do trabalhador, mesmo após o término da duração do instrumento normativo. Com isso, tornam-se parâmetros mínimos para uma futura negociação e, assim, nem mesmo um futuro instrumento coletivo poderá revogá-las. Trata-se da teoria da "aderência irrestrita" (DELGADO, 2008, p. 161), ilimitada ou "da incorporação" (SILVA, 1999, p. 109). Esta corrente prega, portanto, a ultratividade normativa de forma plena.

A terceira teoria defende, tal como a segunda, a incorporação das normas coletivas, mas não de forma definitiva. Assim, as cláusulas normativas aderirão aos contratos individuais de trabalho a ponto de não mais poderem ser suprimidas ou alteradas em prejuízo do trabalhador, mesmo após o término da duração do instrumento normativo, salvo se outro instrumento dispuser o contrário. Essa corrente também defende a ultratividade normativa, mas não de forma plena, já que os benefícios concedidos podem, a qualquer tempo, ser alterados e/ou revogados por um novo pacto coletivo, mesmo que isso signifique perda substancial de direitos por parte dos trabalhadores. Trata-se da teoria da "aderência limitada por revogação" (DELGADO, 2008, p. 162).

Note-se que esta última teoria apresenta um posicionamento misto em relação às duas outras, pois apesar de se aproximar da segunda vertente interpretativa ao possibilitar a ultratividade normativa, dela se distancia ao permitir que um novo instrumento normativo, expressa ou tacitamente, altere as condições aderidas, mesmo que se trate de uma normatização menos benéfica.

3.3. A ADERÊNCIA CONTRATUAL LIMITADA PELO PRAZO

Conforme já mencionado, a teoria da aderência contratual limitada pelo prazo defende que todas as normas previstas nos instrumentos normativos (autônomos ou heterônomos) terão sua validade limitada à sua duração.

Os adeptos desta teoria fundamentam seus argumentos, basicamente, na interpretação gramatical do art. 614, § 3º, da CLT, no que tange aos convênios coletivos (acordo e convenção coletiva do trabalho) e do art. 868, parágrafo único, da CLT, no que tange às sentenças normativas:

Art. 614 [...]

[...]

§ 3º. Não será permitido estipular duração de Convenção ou Acordo superior a 2 (dois) anos.

Art. 868 [...]

Parágrafo Único. O Tribunal fixará a data em que a decisão deve entrar em execução, bem como o prazo de sua vigência, o qual não poderá ser superior a quatro anos.

Sendo assim, e de acordo com os defensores desta teoria, como a própria lei determina duração limitada aos instrumentos normativos, a incorporação de suas cláusulas normativas aos contratos individuais de trabalho padeceria após o término de suas vigências.

Neste mesmo sentido direcionariam os arts. 613, incisos II e VI, e 615, da CLT, quando exigem, nos convênios coletivos, a presença obrigatória de uma cláusula determinando prazo de vigência e quando dispõem sobre o processo de prorrogação do instrumento, subordinando eventual prorrogação à aprovação em assembleia:

> Art. 613. As Convenções e os Acordos deverão conter obrigatoriamente:
>
> [...]
>
> II – prazo de vigência;
>
> [...]
>
> VI – disposições sobre o processo de sua prorrogação e de revisão total ou parcial de seus dispositivos;
>
> [...]
>
> Art. 615. O processo de prorrogação, revisão, denúncia ou revogação total ou parcial de Convenção ou Acordo ficará subordinado, em qualquer caso, à aprovação de Assembleia Geral dos Sindicatos convenentes ou partes acordantes [...].

Assim sendo, concluem os adeptos da aderência limitada, como o texto da lei não determina prorrogação automática do instrumento, não haveria ultratividade de suas normas. Grillo (1989, p. 403), ao analisar o dispositivo legal supracitado, salienta que „[...] ao assim dispor, admite, intrinsecamente, a eficácia temporária das cláusulas funcionais dos instrumentos normativos não prorrogados".

Mas seria possível dar validade aos dispositivos celetistas que limitam a duração dos instrumentos normativos, já que as leis, como regra geral, possuem vigência indeterminada?

De acordo com essa teoria, a resposta é afirmativa. Isso porque os arts. 7º, inciso XXVI e 114, § 2º, da CR/88, ao reconhecerem a validade dos instrumentos normativos autônomos e heterônomos, automaticamente reconheceriam, como constitucionais, os dispositivos que os regulam (arts. 611 a 625 da CLT, no que tange aos convênios coletivos e arts. 856 a 875 da CLT, no que tange aos dissídios coletivos e, consequentemente, às sentenças normativas), inclusive os que limitam suas vigências.

Ademais, ainda se defende que o art. 2º da Lei de Introdução às Normas do Direito Brasileiro (Decreto-Lei n. 4.657/42) permite a duração predeterminada de uma norma, pois „não se destinando à vigência temporária, a lei terá vigor até que outra a modifique ou revogue."

Neste sentido:

> [...] os instrumentos normativos [...] podem instituir normas [...] de vigência temporária, a exemplo do que sucede com a própria lei, que, embora

geralmente estabelecida em caráter permanente, até que outra a modifique ou revogue, *pode ser destinada a ter vigência temporária* (art. 2º da LICC) com prazo prefixado ou até o preenchimento de uma condição previsível. (GRILLO, 1989, p. 402).

Portanto, esgotada a duração de um instrumento normativo e não havendo celebração de outro, os dispositivos ali presentes perderiam sua eficácia. As relações individuais de trabalho, a partir daí, seriam regidas pelas normas heterônomas estatais, até que um novo instrumento fosse celebrado.

Na doutrina, muitos são os adeptos dessa teoria, por exemplo:

> Em verdade, só a alteração contratual benéfica ao empregado é válida. Mas a lei não impede que um benefício seja concedido ao empregado em caráter temporário, o que significa que a *temporariedade* do benefício é condição válida na alteração.
>
> No que tange aos instrumentos normativos, a própria lei impõe que tenham vigência limitada no tempo. (GRILLO, 1989, p. 400).

> [...] é preciso ficar claro que essa inserção se dá *sem deturpação*, isto é, as normas coletivas, *temporárias*, ali se inserem com a mesma temporariedade, caducando ao fim do respectivo prazo [...] pena de invalidar a negociação coletiva em pouco tempo. (BERNARDES, 1989, p. 368).

O Tribunal Superior do Trabalho, desde 1988, adota este entendimento, fixado na Súmula n. 277 (em sua antiga e clássica redação):

> Sentença Normativa – Vigência – Repercussão nos Contratos de Trabalho.
>
> As condições de trabalho alcançadas por força de sentença normativa vigoram no prazo assinado, não integrando, de forma definitiva, os contratos. (Res. 10/1988, DJ 01.03.1988).

Destaque-se que não obstante a menção apenas às sentenças normativas, a doutrina defendia a aplicação da Súmula, também, às convenções e acordos coletivos de trabalho, já que todos são instrumentos normativos e todos possuem o mesmo conteúdo normativo. Não haveria, assim, razão para não abarcá-los ao entendimento sumulado. Neste sentido:

> Há um paralelismo de situações entre estas [sentenças normativas] e as convenções e acordos coletivos [...]. [...] se as cláusulas fixadas pelos Tribunais, em sentenças normativas, não vigoram além do prazo de vigência destas, que normalmente é 1 ano, nenhuma razão objetiva existe para que critério diferente venha a prevalecer quanto às cláusulas resultantes dos acordos e convenções coletivas. (NASCIMENTO, 2000, p. 359)[4].

---

(4) Em sentido contrário, no entanto, destaca-se Silva (1999, p. 114):,, referindo-se apenas às sentenças normativas, [a Súmula n. 277, do TST] não se aplica às convenções coletivas nem aos acordos coletivos.,,

Essa falha foi corrigida com a nova redação dada à Súmula n. 277 do TST, em novembro de 2009:

> SENTENÇA NORMATIVA. CONVENÇÃO OU ACORDO COLETIVOS. VIGÊNCIA. REPERCUSSÃO NOS CONTRATOS DE TRABALHO.
>
> I – As condições de trabalho alcançadas por força de sentença normativa, convenção ou acordos coletivos vigoram no prazo assinado, não integrando, de forma definitiva, os contratos individuais de trabalho.
>
> II – Ressalva-se da regra enunciada no item I o período compreendido entre 23.12.1992 e 28.07.1995, em que vigorou a Lei n. 8.542, revogada pela Medida Provisória n. 1.709, convertida na Lei n. 10.192, de 14.02.2001.[5]

A Orientação Jurisprudencial n. 322 da Seção de Dissídios Individuais n. 1, do Tribunal Superior do Trabalho, no mesmo sentido da Súmula n. 277, dispõe:

> Acordo coletivo de trabalho. Cláusula de termo aditivo prorrogando o acordo para prazo indeterminado. Inválida. Nos termos do art. 614, § 3º, da CLT, é de 2 anos o prazo máximo de vigência dos acordos e das convenções coletivas. Assim sendo, é inválida, naquilo que ultrapassa o prazo total de 2 anos, a cláusula de termo aditivo que prorroga a vigência do instrumento coletivo originário por prazo indeterminado. (DJ 09.12.2003).

Tem-se, portanto, que os defensores da teoria da aderência contratual limitada pelo prazo, dentre eles o Tribunal Superior do Trabalho, vinculados principalmente à interpretação gramatical do texto infraconstitucional (arts. 613, 614, 615 e 868 da CLT), rechaçam qualquer ultratividade às cláusulas normativas, negando, por consequência, direito adquirido àquelas condições de trabalho, autônoma ou heteronomamente estipuladas.

No entanto, essa teoria parece pecar por se limitar a uma interpretação gramatical e equivocada da norma. Em primeiro lugar, o intérprete deve buscar o fim social objetivado pelo legislador (interpretação teleológica) e, em segundo lugar, a hermenêutica trabalhista exige uma interpretação da norma à luz dos princípios e funções do ramo, o que parece não ser o caso da teoria da aderência limitada pelo prazo.

3.3.1. O PRECEDENTE NORMATIVO N. 120 DO TST

No dia 24 de maio de 2011, o Tribunal Superior do Trabalho aprovou a Resolução n. 176, que inseriu mais um precedente no rol dos Precedentes Normativos da Sessão de Dissídios Coletivos. Dispõe o novo Precedente Normativo, publicado em 30 de maio de 2011:

---

(5) A ressalva explicitada no inciso II da Súmula será posteriormente abordada.

PN 120. SENTENÇA NORMATIVA. DURAÇÃO. POSSIBILIDADE E LIMITES.

A sentença normativa vigora, desde seu termo inicial até que sentença normativa, convenção coletiva de trabalho ou acordo coletivo de trabalho superveniente produza sua revogação, expressa ou tácita, respeitado, porém, o prazo máximo legal de quatro anos de vigência.

Parece que o objetivo do Precedente foi garantir à sentença normativa uma duração inicial de quatro anos (mesmo que algum outro prazo inferior tenha sido determinado pelo Tribunal, a teor do art. 868, parágrafo único, da CLT), vigorando por todo esse período ou até que, antes de seu término, outro instrumento normativo a revogue, tácita ou expressamente. Vê-se clara, assim, a redação conflitante, em certo sentido[6], com a da Súmula n. 277 do TST, que, ao contrário, limita a vigência dos instrumentos normativos aos prazos neles assinalados.

Agora, portanto, a sentença normativa poderá ter sua duração ultrapassada do marco temporal inicialmente determinado pelos Tribunais, desde que não ultrapasse o limite máximo legal de quatro anos. É bom frisar que, pelo teor do Precedente, essa ultratividade somente se aplicaria às sentenças normativas, não alcançando as convenções e acordos coletivos de trabalho[7].

Percebe-se, com isso, que o TST, no que tange às sentenças normativas, resolveu adotar parcialmente a lógica da teoria da *aderência contratual limitada por revogação*. Parcialmente porque, de um lado, criou a possibilidade de se ultrapassar o prazo inicialmente fixado para a vigência do instrumento (ultratividade), mas, de outro lado, limitou a ultratividade ao prazo máximo fixado por lei. Trata-se, a nosso ver, de uma ultratividade *sui generis*, limitada pela revogação a partir da criação de um novo instrumento normativo e, também, pelo prazo máximo de quatro anos[8].

No entanto, ainda que tímido[9], o Precedente não deixa de ser um importante avanço jurisprudencial na aplicação da ultratividade, especialmente porque, em termos, contradiz o padrão restritivo há muito fixado pela Súmula n. 277 do TST.

Em notícia intitulada "Novo precedente estende validade de sentença normativa para quatro anos", veiculada no *site* do Tribunal Superior do Trabalho (www.tst.jus.br) no dia 27 de maio de 2011, o Ministro Mauricio Godinho Delgado teceu alguns comentários sobre a lógica do novo Precedente Normativo:

---

(6) Em certo sentido porque apesar de permitir a ultratividade da sentença normativa, o Precedente continua limitando sua vigência ao prazo máximo de quatro anos previsto em lei.

(7) Essa afirmativa ainda é precária, pois assim como a doutrina e a jurisprudência estendiam a Súmula n. 277 do TST às sentenças normativas (em sua antiga redação, a Súmula não mencionava os instrumentos normativos heterônomos), nada impede que a lógica do Precedente se estenda aos instrumentos autônomos. Só o tempo dirá.

(8) Talvez o TST tenha criado uma quarta teoria relativa à aderência das normas coletivas: uma que permite a ultratividade parcial da *aderência contratual limitada por revogação*, mas impõe a limitação temporal da *aderência contratual limitada pelo prazo*. Trata-se de uma aderência *duplamente limitada (pelo prazo máximo e por revogação)*.

(9) Pois limitou o âmbito de incidência da ultratividade ao prazo máximo de quatro anos.

[...] O objetivo do precedente é assegurar aos trabalhadores a manutenção das condições da sentença normativa mesmo depois de vencido o prazo original (geralmente de um ano), a fim de preservar a estabilidade dos direitos ali previstos." Isso evita que haja um vácuo jurídico, quando termina a vigência de uma sentença normativa e a categoria ainda não conseguiu criar outro instrumento", explica o ministro Mauricio Godinho Delgado, integrante da SDC.

De acordo com o ministro, a edição do precedente é uma forma de adaptar a jurisprudência da SDC à nova realidade do direito coletivo do trabalho após a Emenda Constitucional n. 45, que passou a exigir a concordância de ambas as partes para o ajuizamento do dissídio." Não há, porém, qualquer prejuízo às categorias mais fortes e organizadas que preferirem prazo de vigência menor, por terem mais condições de negociação e pressão no âmbito coletivo", assinala." A redação incorpora, parcialmente, o princípio da ultratividade das normas coletivas, respeitando, contudo, o prazo máximo legal de quatro anos" [...](10)

Parece-nos, pelos comentários do ilustre Ministro, que, de fato, o posicionamento contraditório ao da Súmula n. 277 do TST foi proposital. Fica claro, neste aspecto, o caráter inovador do Precedente ao permitir a ultratividade, mesmo que parcial, das sentenças normativas.

A partir desse entendimento, o TST passa a resguardar a manutenção de vantagens concedidas em sentenças normativas por um período de até quatro anos, mesmo que, originariamente, tais cláusulas houvessem sido fixadas por prazo inferior. Afasta-se, assim, um possível vazio normativo, caso, após o término da vigência original do instrumento heterônomo, nenhum outro instrumento, autônomo ou heterônomo, seja elaborado. Com isso, as categorias ganham um pouco mais de fôlego (quatro anos, no máximo) para a negociação coletiva.

No entanto, o âmbito de aplicação do novo entendimento é restrito, justamente por se tratar de um Precedente Normativo. Isso porque, ao contrário das Súmulas do TST (aplicáveis em todas as modalidades de ações trabalhistas), os Precedentes, embora tenham a função de orientar e embasar futuros julgamentos, vinculam-se apenas aos dissídios coletivos.

Com isso, é muito pouco provável que um trabalhador, em sede de dissídio individual, consiga a ultratividade da sentença normativa de sua categoria aos quatro anos máximos permitidos em lei, caso originariamente o Tribunal tenha-lhe fixado duração inferior. Nesta hipótese, o mais provável é que o juiz analise a causa com base na Súmula n. 277 do TST (que, num primeiro momento[11], continua sendo

---

(10) Acesso em: 27.5.2011. Disponível em: <http://ext02.tst.jus.br/pls/no01/NO_NOTICIASNOVO.Exibe_Noticia?p_cod_noticia=12357&p_cod_area_noticia=ASCS>.
(11) Tendo-se em vista a novidade do assunto, ainda não se firmaram argumentações (se é que se firmarão) no sentido de que, com o Precedente, a Súmula n. 277 do TST (apesar de não formalmente alterada) passaria a ser aplicada somente aos instrumentos normativos autônomos.

aplicável às sentenças normativas) e, portanto, indefira a ultratividade clamada. Isso, a nosso ver, restringe o potencial inovador e protecionista[12] que o Precedente teria a oferecer.

Assim, como o âmbito de aplicação do Precedente restringe-se ao julgamento dos dissídios coletivos, os Tribunais é que, ao decidirem o conflito, deverão fixar a duração das sentenças normativas – a teor do art. 868, parágrafo único, da CLT – sempre em seu prazo máximo, permitindo, porém, que, durante sua vigência, outros instrumentos possam ser elaborados (o que poderia culminar com sua revogação)[13].

3.4. EM DEFESA DA ULTRATIVIDADE NORMATIVA

Grande parte da doutrina clássica, *pré-flexibilização*, defendia a ultratividade das normas coletivas. Mas não por isso dever-se-ia descaracterizá-la, como se fosse ultrapassada. Adverte-nos Moraes Filho (1989, p. 29):

> *Nil novi sub sole*, nada de novo sob o sol, lá está em Salomão, no versículo 9 do *Eclesiastes*. Séculos mais tarde, escreveria Goethe num dos seus Provérbios (Sprüche):" Alles Gescheit ist schon gedachi worden, man muss nur versuchen, es noch einmal zu denken – tudo o que é sensato já foi pensado, *deve-se somente tentar pensá-lo mais uma vez*". (grifo nosso).

Não obstante o caráter dignificante desta interpretação, já que em conformidade com os princípios e funções trabalhistas[14], a partir do período *pós-flexibilização* a teoria da aderência contratual limitada pelo prazo ganhou força e espaço na doutrina e na jurisprudência.

De fato, as interpretações no sentido de se limitar a aderência contratual das normas coletivas servem aos propósitos escusos e precarizantes da flexibilização, como destaca Costa (1991, p. 166): " Do ponto de vista da chamada teoria da flexibilização do Direito do Trabalho, hoje em uso pelo mundo afora, nada demais que se aceite este posicionamento [...]".

Na busca de uma interpretação construtiva, em contraponto às desconstruções neoliberais e flexibilizatórias, tem-se que, de fato, a ultratividade se apresenta como a mais adequada. Antes desta análise, porém, deve-se destacar o real significado da duração dos instrumentos normativos.

---

(12) Protecionista no sentido de evitar vazios normativos, protegendo os trabalhadores, caso a sentença normativa, em seu prazo originalmente fixado, já tenha se esgotado e a categoria ainda não tenha negociado. Se o âmbito de aplicação do Precedente fosse geral (assim como o das Súmulas) esse vazio normativo poderia ser amplamente evitado, tanto nos dissídios coletivos como nos individuais.

(13) Uma possível solução para aquelas categorias que já tenham suas sentenças normativas julgadas, mas fixadas com duração inferior ao máximo legal, talvez seja a instauração de um dissídio coletivo de natureza jurídica objetivando a declaração de vigência do instrumento ao prazo de quatro anos, a teor do novo Precedente. No entanto, ainda não há como prever se tal medida será viável, ou não, no âmbito do entendimento dos Tribunais.

(14) Princípios e funções que, como já colocado, conduzem o intérprete da norma. A análise principiológica da ultratividade normativa será feita no próximo item.

3.4.1. O PRAZO NOS INSTRUMENTOS NORMATIVOS

Os defensores da ultratividade normativa, ao contrário do que possa parecer, não negam que os instrumentos normativos possuam duração determinada. Outra não poderia ser a conclusão, já que desde a primeira regulamentação dos convênios coletivos no Brasil (Decreto n. 21.761/32) havia previsão de duração máxima para os instrumentos. Assim,„ a temporariedade da norma coletiva é um atributo inerente na sua aptidão para gerar efeitos„ (LOPES, 1998, p. 133).

Ocorre que a razão para se limitar a duração dos instrumentos não foi outra senão beneficiar os trabalhadores, na medida em que as situações ensejadoras das pactuações coletivas possuem um elevado grau de mutabilidade, principalmente no âmbito econômico, sendo, portanto, necessária a revisão periódica das regras, para que nenhuma delas se torne injusta ou inaplicável, sempre, é claro, na perspectiva dignificante ao trabalhador (art. 7º, *caput*, da CR/88). Tanto é que,„ na prática, são celebrados para uma vigência inferior, comumente um ano. Explica-se o seu curto prazo de vigência pela razão da frequente mutação das condições econômicas existentes no momento da celebração.„ (GOMES; GOTTSCHALK, 2006, p. 628).

Na verdade, o próprio poder normativo se justifica em face destas transformações que sofrem as relações laborais:

> [...] as relações entre o trabalho e o capital apresentam uma constante mutabilidade, que seria quase impossível acompanhar e regular através de atos legislativos. Além do mais, a alteração de um texto legal, além de exigir trâmites demorados, significa, quase sempre, uma fratura no contexto de um corpo de leis, seja ele um Código, seja uma Consolidação, enquanto que a convenção coletiva, alterada, modificada, é apenas um aprimoramento decorrente de sua aplicação ou, em certos casos, será a força criadora e inovadora de normas dentro de um campo lacunoso ou vazio de legislação. (VIANNA apud SÜSSEKIND *et al.*, 2002, p. 1.171).

As regras que limitam a duração dos instrumentos são, portanto, favoráveis à classe trabalhadora. Tanto é que a lei estipula a duração máxima dos instrumentos, mas não impede que as partes, no caso dos acordos e convenções coletivas de trabalho, e o Tribunal, no caso das sentenças normativas, estipulem prazo de vigência inferior ao legal:

> O decurso do prazo máximo é o modo normal de extinção das convenções cuja vigência temporal limitada é da própria natureza do instituto. Dá-lhe a elasticidade necessária de ajustar-se às novas circunstâncias, permite automaticamente a negociação de novas condições de trabalho e obriga as partes a exercerem sempre a negociação coletiva, mesmo quando apenas prorroguem o teor da convenção antiga. (SILVA, 1983, p. 175).

Assim tem-se que, em regra, a estipulação de vigência superior prejudicaria os trabalhadores, ao invés de beneficiá-los. No entanto, em determinadas situações, a pactuação coletiva com prazo superior ao legal ou, ainda, com prazo indeterminado, pode ser mais favorável à categoria:

> Não parece, todavia, haver qualquer contradição de fundo na fixação, por convenção, de prazo de vigência superior ao limite estabelecido em lei. A economicidade ampla resultante deste procedimento é da própria essência da norma coletiva e de seu objetivo principal que é minimizar o conflito. O art. 614 só pode ser entendido como disciplina supletiva, aplicável na hipótese de ausência de qualquer previsão em sentido contrário. (LOPES, 1998, p. 133-134).

A mesma autora vai além:

> A vontade coletiva voltada para a definição de uma situação jurídica sem determinação de prazo para a geração de efeitos deve ser incentivada, como instrumento para atingir o desiderato da segurança jurídica plena, consolidado na expressão de interesses livremente apropriados e consignados no instrumento normativo. (LOPES, 1998, p. 134).

Portanto, apesar de existir limitação legal, sua razão de ser é beneficiar o empregado. Porém, se em determinado caso a pactuação com prazo superior trouxer vantagens à categoria profissional, certo é que o instrumento será válido. Poderão coexistir, assim, sempre em razão da norma mais favorável e da autonomia privada coletiva, cláusulas com limites temporais e cláusulas sem limites temporais:

> Assim, tanto quanto nos contratos individuais de trabalho, os instrumentos normativos que os regulam podem instituir normas cujos efeitos se incorporam definitivamente ao patrimônio jurídico do empregado e normas de vigência temporária [...]. (GRILLO, 1989, p. 402).

Giugni (1991, p. 146-147) também explica esta possibilidade no Direito italiano:

> O art. 2.074 do Código Civil resolve estes problemas com o mecanismo da ultravigência, por força do qual o contrato coletivo continua produzindo seus efeitos mesmo após o vencimento, até que seja estipulado novo contrato coletivo. A norma, porém, se refere ao contrato coletivo corporativo e, segundo antiga mas correta jurisprudência, não é aplicável ao contrato coletivo comum.
>
> Em concreto, por outro lado, os contratos de direito comum contêm, com frequência, cláusulas que sancionam explicitamente a ultratividade.

Desta forma, necessária a análise, em cada situação, do que seria mais favorável à categoria profissional. O que não se deve fazer é partir de um pressuposto, absoluto, de que haveria prejuízos às partes se se estipulasse duração superior à legal.

Na verdade, parece que a lógica se dá ao contrário. A indeterminação do prazo, na maioria dos casos, costuma ser mais benéfica aos trabalhadores[15]. Assim, a indeterminação deveria ser a regra e a determinação a exceção. E, por se tratar de uma exceção, a limitação temporal do instrumento, ou sua revisão, deveria preceder de justificativas plausíveis. Nascimento (2008, p. 1.239-1.240) explica quais seriam essas circunstâncias:

> [...] anormalidade da álea que todo contrato encerra, por força de acontecimentos imprevisíveis que determinam a alteração do estado de fato contemporâneo à sua celebração e de modo a estar certa a geração de efeitos que não poderiam ter sido cogitados à época do ajuste [...].

Tem-se, portanto, que a interpretação das regras de duração dos instrumentos normativos não pode ser absoluta, sob pena não só de se ferir a autonomia negocial das partes, consubstanciada na autonomia privada coletiva, mas, principalmente, de se negar proteção ao hipossuficiente, ofendendo os princípios da proteção, da norma mais favorável e da condição mais benéfica.

O verdadeiro sentido de limitação temporal deve ser outro. A despeito do que uma interpretação gramatical equivocada da norma pode gerar, frise-se em que realmente consiste a limitação temporal dos instrumentos normativos.

Limitar a duração não significa impor a perda dos benefícios conquistados a cada atualização ou renovação do pacto coletivo. Equivalente, à aplicação da máxima '*tempus regit actum*', isto é, aplica-se a lei vigente à época dos fatos, (SANTOS, 2007, p. 247), é a doutrina de Maranhão (1989, p. 392, 394-395), que explica:

> Exatamente porque é normativa, porque vale para o futuro, estabelece a lei que a vigência da sentença coletiva, como da convenção, não pode ultrapassar determinado prazo. E isso, precisamente, porque as novas condições de trabalho não se anulam com o transcurso do tempo: incorporam-se, definitivamente, nos contratos. O limite temporal de eficácia da norma explica-se pela sua projeção no futuro: vencido o prazo de vigência, não mais se subordinarão os novos contratos às condições da sentença, tal como ocorre em relação à convenção coletiva [...].
>
> [...]
>
> Em suma: a eficácia normativa, tanto da convenção coletiva como da sentença proferida em dissídio coletivo, é, efetivamente, *temporária*. Apenas não se justifica, juridicamente, que se conclua daí que, vencido o prazo de vigência, cessem as vantagens adquiridas pelos trabalhadores quando aqueles instrumentos *normativos* se encontravam em pleno vigor. O instrumento normativo, por excelência, é a lei. [...]

---

(15) De fato, a manutenção de um benefício apresenta maiores vantagens do que sua perda.

E nossa Lei de Introdução ao Código Civil, ao consagrar aquele princípio da irretroatividade, dispõe que se considera „ato jurídico perfeito e já consumado segundo a lei vigente ao tempo em que se efetuou„ (art. 6º, § 1º).

Portanto, mesmo que se exija a inclusão da cláusula de duração nos instrumentos normativos (art. 613, II, da CLT), seu alcance não se restringirá ao período ali estabelecido. Sendo assim, a teoria da ultratividade normativa não nega o disposto nos arts. 614, § 3º, e 868, parágrafo único, da CLT.

O prazo dos instrumentos se refere à sua eficácia normativa. Neste sentido, as normas coletivas serão aplicáveis somente aos contratos de trabalho que se iniciaram ou que permaneceram vigentes à época da pactuação. Esgotado o prazo legal, as normas não serão aplicadas aos novos contratos, mas continuarão sendo exigíveis em relação aos antigos contratos de trabalho, já que permanentemente aderidas a eles.

É neste sentido que deveriam ser interpretados os arts. 613, inciso VI, e 615, da CLT. Isso porque a prorrogação mencionada no texto celetista se refere à prorrogação dos efeitos das normas aos empregados contratados após o término da duração do instrumento. Ou seja, essa prorrogação se dá no sentido de estender o direito aos posteriormente contratados. Viana (2000, p. 568) sintetiza a tese:

> [...] o prazo que a lei exige tem a ver com a *eficácia normativa* do convênio, ou seja, com o seu poder de regular os novos contratos que forem surgindo. Assim, por exemplo, se o empregado está trabalhando na empresa *durante* o prazo, a vantagem se incorpora *definitivamente* ao seu contrato; mas se ele é contratado *depois* do prazo, não a obtém. Esta seria a razão pela qual o art. 114 da CF obriga a sentença normativa a respeitar as disposições convencionais mais benéficas: se estas não estivessem mais nos contratos, que utilidade teria a norma?

Assim, esta seria, para a doutrina mencionada, a correta interpretação das regras de vigência das normas coletivas: o período de duração do instrumento está relacionado, exclusivamente, ao seu poder de regular os novos contratos de trabalho, sendo que seu esgotamento implica, apenas, a não obtenção de vantagens pelos trabalhadores posteriormente contratados.

Com isso, o prazo de vigência serve para determinar quais seriam os empregados beneficiários da aderência contratual: aqueles com contrato ativo dentro do prazo; e quais seriam os empregados excluídos da aderência: aqueles contratados após o término do prazo. Neste sentido, também:

> Se a convenção posterior substituir uma cláusula normativa por outra mais favorável da mesma natureza, em face dos princípios da tutela e da norma mais benéfica, a condição antecedente desaparece, dando lugar à consequente.

Se o contrário ocorrer, isto é, se a norma posterior for menos favorável que a antecedente, esta sobreviverá para os empregados admitidos até a sua substituição, aplicando-se a nova cláusula somente aos empregados contratados após a celebração do último convênio. (COSTA, 1991, p. 169).

Essa parece ser uma melhor exegese da norma, pois implica a indeterminação da vigência como regra geral. Assim, esta interpretação se coaduna, também, com a regra geral da eficácia das leis no tempo, estipulada no art. 2º da Lei de Introdução às Normas do Direito Brasileiro. Ora, já que os instrumentos normativos são leis em sentido material, devem ter o mesmo tratamento a que se submetem as leis.

Além do mais, a ultratividade normativa, ao contrário da aderência limitada pelo prazo, se consubstancia nos princípios especiais do Direito do Trabalho, quais sejam, a condição mais benéfica e o *in dubio pro operario*, todos eles corolários do princípio da proteção[16] que dita o sentido interpretativo do ramo trabalhista: reconhecida a hipossuficiência do trabalhador em relação a seu empregador, deve-se buscar sua proteção para que haja igualdade formal no contrato de emprego.

3.4.2. O PRINCÍPIO DA CONDIÇÃO MAIS BENÉFICA

O primeiro princípio, da condição mais benéfica, vincula-se diretamente com os fundamentos da ultratividade normativa. Como já mencionado, este princípio dita que havendo sucessão normativa, a norma sucessora somente será aplicada caso seja mais benéfica ao trabalhador do que a norma sucedida, tendo em vista o direito adquirido.

Portanto, este princípio, que arrima, inclusive, a regra da "inalterabilidade contratual lesiva" (DELGADO, 2008, p. 203), funda-se no direito adquirido, garantido pela Constituição da República em seu art. 5º, inciso XXXVI: "A lei não prejudicará o direito adquirido, o ato jurídico perfeito e a coisa julgada".

Assim, tem-se que as condições de trabalho estabelecidas nos instrumentos normativos, aderidas aos contratos de trabalho, quando mais benéficas que as condições anteriores, travestem-se em direito adquirido.

Certo é, no entanto, que parte da doutrina limita a aplicação deste princípio a situações contratuais concretas, vale dizer, cláusulas contratuais. Neste sentido, por exemplo, Delgado (2008, p. 202):

> Não se trata, aqui, como visto, de contraponto entre normas (ou regras), mas cláusulas contratuais [...]. O que o princípio abrange são as cláusulas contratuais, ou qualquer dispositivo que tenha, no Direito do Trabalho, essa natureza. Por isso é que, tecnicamente, seria mais bem enunciado pela expressão princípio da cláusula mais benéfica.

---

[16] Plá Rodriguez (2000, p. 107) defende que a condição mais benéfica, o *in dubio pro operario* e a norma mais favorável são regras do princípio da proteção. Em sentido contrário, propugnando pela independência dos princípios, Silva (1999, p. 101). Não obstante as divergências, o princípio da proteção não deixa de ser a "espinha dorsal" dos demais princípios.

Neste mesmo sentido, os críticos da ultratividade que, negando a aplicação deste princípio (e de seu corolário, o direito adquirido) em relação aos instrumentos normativos, limitam sua aplicação aos contratos e às cláusulas estritamente contratuais:

> Cabe salientar que não há verdadeiramente um direito adquirido, face à eficácia temporária da norma coletiva. As vantagens previstas em convenção coletiva não se incorporam de feito, definitivamente ao conteúdo dos contratos individuais de trabalho. (CARDOSO, 1995, p. 315).

No entanto, até certo ponto, esta parece ser uma leitura equivocada do princípio que ainda guarda algumas características com o princípio da norma mais favorável, seu "irmão gêmeo" (AVILES apud SILVA, 1999, p. 99). Assim é que a diferença entre o princípio da norma mais favorável e o da condição mais benéfica não deve estar atrelada ao fato de que o primeiro diz respeito a normas jurídicas e o segundo a condições contratuais, mas apenas no seguinte aspecto, como ensina Silva (1999, p. 99):

> [...] os princípios da norma mais favorável e da condição mais benéfica apresentam de comum o fato de depender a sua aplicação da existência de uma pluralidade de *normas*, diferenciando-se, entretanto, porque o princípio da norma mais favorável supõe *normas com vigência simultânea* e o princípio da condição mais benéfica *sucessão normativa*. (grifos nossos).

Assim, dentro desta perspectiva, explica Plá Rodriguez (2000, p. 133):

> Parece-nos conveniente esclarecer, a título de contribuição pra traçar o perfil do alcance desta regra, que, se o preceito da preferência pela norma mais favorável tem sua aplicação nos casos de concorrência de normas de origem diferente, esta regra [da condição mais benéfica] tem seu âmbito próprio na *sucessão derrogatória de normas*, ou, em outras palavras, pretende resolver os problemas de direito transitório em matéria trabalhista.
>
> [...]
>
> Esta regra funciona nos casos de *sucessão normativa*, garantindo o respeito aos níveis alcançados com a *norma derrogada*, ou seja, que estabelecem a manutenção dos tratamentos obtidos pela aplicação de *normativa anterior* se mais benéficos ou se não contemplados pela *normativa substitutiva*. (grifos nossos).

Neste mesmo sentido, Aviles, citado por Silva (1999, p. 101), apresenta, como conceito deste princípio, "a conservação das vantagens obtidas por aplicação de *normas anteriores* se mais benéficas ou não contempladas pela *norma substituinte*." (grifos nossos).

Ademais, é bom mencionar que o art. 5º, inciso XXXVI, da CR/88 impede que a "lei" prejudique o direito adquirido e, sendo os instrumentos normativos leis por natureza, a eles também deve ser aplicada a regra do direito adquirido, regra esta que não se limita às cláusulas contratuais. Neste sentido, Nascimento (2008, p. 367):

> [...] o princípio da condição mais benéfica tem a função de solucionar o problema da aplicação da *norma* no tempo para resguardar as vantagens que o trabalhador tem nos casos de transformações prejudiciais que poderiam afetá-lo, sendo, portanto, a aplicação, no direito do trabalho, do princípio do direito adquirido do direito comum. (grifo nosso).

Não se pode negar, a despeito do próprio texto legal e como já destacado, que as cláusulas normativas aderem aos contratos individuais de trabalho. Esta aderência, em razão da própria lógica da ultratividade, converte a norma coletiva em cláusula contratual, ou seja, a norma se *contratualiza* e, com isso, incorpora-se:

> Outros autores, entretanto, na Espanha (De La Villa, Cabrera e Ojeda), citados pelo próprio Sala, manifestaram-se [...] pelo respeito às condições mais benéficas estabelecidas em norma anterior, situando esse respeito na consideração de que tais condições benéficas se haviam incorporado ao nexo contratual, isto é, haviam desgalhado da norma,„ contratualizando-se„ e deviam ser respeitadas como direitos adquiridos, sendo-lhes de aplicação o mesmo regime que para as condições mais benéficas de origem contratual. (SILVA, 1999, p. 103).

Destaque-se ainda que a expressão „ condição„, utilizada para retratar o princípio da condição mais benéfica no art. 468 da CLT, é a mesma „ condição„ referente às normas coletivas, expressa nos arts. 611 e 873 da CLT:

> Art. 468. Nos *contratos individuais de trabalho* só é lícita a alteração das respectivas *condições*, por mútuo consentimento e, ainda assim, desde que não resultem, direta ou indiretamente, prejuízos ao empregado, sob pena de nulidade da cláusula infringente desta garantia. (grifos nossos).

> Art. 611. Convenção Coletiva de Trabalho é o acordo de caráter normativo pelo qual dois ou mais sindicatos representativos de categorias econômicas e profissionais estipulam *condições* de trabalho *aplicáveis*, no âmbito das respectivas representações, *às relações individuais do trabalho*. (grifos nossos).

> Art. 873. Decorrido mais de 1 (um) ano de sua vigência, caberá revisão das decisões que fixarem *condições* de trabalho, quando se tiverem modificado as circunstâncias que as ditaram, de modo que tais condições se hajam tornado injustas ou inaplicáveis. (grifos nossos).

Como a lei não possui palavras inúteis, não se pode considerar simples coincidência a mesma designação„ condição„ para cláusulas contratuais e para normas coletivas. Sendo assim, no Direito Coletivo do Trabalho haverá aplicação plena do princípio da condição mais benéfica. Desta forma, as condições previstas nos instrumentos normativos (arts. 611 e 873 da CLT), tal como ocorre com as condições estipuladas em contrato (art. 468 da CLT), aderirão ao contrato de trabalho.

Portanto, permitir que quando do conflito de condições sucessivas (condições de trabalho estabelecidas nos instrumentos e aderidas aos contratos individuais de trabalho *versus* normas gerais estatais que, após o término da duração do instrumento, voltariam a reger as relações individuais) se privilegiem as normas gerais menos benéficas, é o mesmo que se operar a alteração contratual lesiva.

Lembre-se que as normas devem ser interpretadas à luz dos princípios e alterar benefícios concedidos em instrumentos normativos, que se incorporam aos contratos, é o mesmo que alterar lesivamente o contrato, ferindo o princípio da condição mais benéfica.

Desta forma, não há como negar a aplicação, às normatizações coletivas, do princípio da condição mais benéfica, que, por seus fundamentos (art. 468 da CLT e art. 5º, inciso XXXVI, da CR/88), justifica a ultratividade normativa, principalmente quando analisada em conjunto com o direcionamento interpretativo geral constitucional (art. 7º, *caput*, da CR/88).

Assim, como durante a vigência de um instrumento normativo as cláusulas atuais são aplicáveis aos trabalhadores, quais normas lhes serão aplicáveis quando do término de sua duração?

Como houve sucessão normativa (normas coletivas substituídas pelas normas gerais estatais), certo é que, em razão do direito adquirido, deve-se aplicar o princípio da condição mais benéfica e, com isso, preservar, aos trabalhadores, os benefícios do instrumento normativo anterior, desde que seja mais benéfico, é claro, que a norma que o sucedeu.

Como as condições previstas nos instrumentos normativos (normas sucedidas) são geralmente mais benéficas[17] que as normas gerais trabalhistas (normas sucessoras), aquelas é que prevalecerão. Justamente por isso é que somente as condições mais benéficas se incorporarão ao contrato de trabalho. As eventuais regras de flexibilização (art. 7º, incisos VI, XIII e XIV, da CR/88) não aderem ao contrato, pois representam redução do patamar mínimo constitucional. Por isso é que possuem duração limitada:

> Estas exceções, a nosso ver, registram alguns dos poucos casos de flexibilização do Direito do Trabalho no Brasil, por via constitucional, resultando na possibilidade de que *algumas condições de trabalho convencionadas não venham a se incorporar, definitivamente, no contrato individual de trabalho*. Trata-se, porém, de exceções expressas, que não podem ser ampliadas ao talante do consenso das partes ou por via jurisprudencial. (COSTA, 1991, p. 168, grifo nosso).

---

(17) Como já destacado, salvo nos casos expressamente excepcionados pela Constituição de 1988: art. 7º, incisos VI, XIII e XIV.

Neste sentido, pode-se dizer que a duração dos instrumentos não serve apenas para delimitar quais seriam os trabalhadores beneficiados pela incorporação normativa, mas também para impor limite temporal absoluto às regras menos benéficas que, porventura, venham a ser pactuadas.

Grande parte da doutrina, consubstanciada no princípio da condição mais benéfica, adota a ultratividade:

> A corrente doutrinária e jurisprudencial prevalecente apega-se às noções de direito adquirido e de inalterabilidade das condições contratuais para concluir pela sobrevivência das normas coletivas no plano das relações individuais iniciadas antes do término de vigência do convênio coletivo. As cláusulas normativas inserem-se nos contratos individuais mercê da propriedade receptícia destes e subsistem mesmo após o escoamento do prazo fixado para a vigência, pois, se desaparecessem, os empregados sofreriam prejuízos irreparáveis, com ofensa ao preceito constitucional que protege o direito adquirido e bem assim ao dispositivo legal que veda as alterações contratuais nocivas aos empregados. (ROMITA, 2003, p. 179).

> O princípio medular da inalterabilidade do contrato individual de trabalho, somado à defesa que a ciência jurídica empresta aos direitos adquiridos, pode impedir que a simples extinção do convênio coletivo faça com que desapareçam as prerrogativas que, por força dela, passaram a figurar no contrato individual. (RUSSOMANO, 1995, p. 216).

> Quanto aos contratos individuais que foram modificados pela vigência de uma convenção, sendo ela extinta eles não podem ser alterados para voltar às condições anteriores de trabalho, pois se incorporaram as novas cláusulas ao contrato individual e este não pode sofrer alterações nos termos do art. 468 da CLT. (SÜSSEKIND et al., 2002, p. 1.183).

> [...] Esta continuará, contudo, regendo os contratos individuais em curso já que suas cláusulas passaram a integrá-los. A supressão das últimas não seria possível à luz do art. 468 da CLT, que veda qualquer alteração contratual ou prejuízo do empregado. As cláusulas que perdurarão serão as já integradas nos contratos individuais [...]. (MAGANO apud MENEZES, 1992, p. 432).

Em todos os casos de terminação, os efeitos normativos já produzidos perduram na esfera dos contratos de emprego efetuados em curso desde antes da data em que a convenção ou acordo terminou.

As normas convencionadas ou acordadas extintas, „revogadas„ ou „denunciadas„, para o futuro, já incorporadas aos contratos de emprego, vigendo, residual e contratualmente, na esfera individual e subjetiva. Assim como a norma criada não tem aplicação retroativa [...] e sim imediata, a norma de destruição está na mesma situação temporal: não pode prejudicar o„ direito adquirido„ e o„ ato jurídico perfeito„.

Sendo o contrato de emprego pressuposto de aplicação das normas convencionadas ou acordadas, enquanto permanecer, também estas perduram, máxime se mais favoráveis aos trabalhadores. É o que resulta não apenas da garantia constitucional indicada, mas também dos arts. 444, 468, 619 e 622, todos da CLT. (CATHARINO apud MENEZES, 1992, p. 432).

A melhor hermenêutica ensina que as leis devem ser interpretadas sob a ótica dos princípios, mesmo que não haja hierarquia normativa entre eles, e não ao contrário. Além do mais, o paradigma interpretativo do Direito do Trabalho está no próprio art. 7º, *caput*, da CR/88 (princípio da proteção e função central). Assim, a teoria da aderência contratual limitada pelo prazo não fere apenas o texto constitucional, mas, também, os princípios especiais de Direito do Trabalho e as normas gerais trabalhistas (CLT).

Destaque-se, também, a forma como o princípio da condição mais benéfica foi interpretado pelo Tribunal Superior do Trabalho. Acertadamente foram editadas as Súmulas n. 51 e n. 288:

Súmula 51 – Norma Regulamentar. Vantagens e Opção pelo Novo Regulamento. Art. 468 da CLT.

I – As cláusulas regulamentares, que revoguem ou alterem vantagens deferidas anteriormente, só atingirão os trabalhadores admitidos após a revogação ou alteração do regulamento.

[...]

Súmula 288 – Complementação dos Proventos da Aposentadoria.

A complementação dos proventos da aposentadoria é regida pelas normas em vigor na data da admissão do empregado, observando-se as alterações posteriores desde que mais favoráveis ao beneficiário do direito.

Partindo de uma equivocada exegese normativa, no entanto, o TST editou, também, a Orientação Jurisprudencial n. 322 da Seção de Dissídios Individuais n. 1 e a Súmula n. 277, já citadas. O intuito do legislador ao estipular vigência determinada aos instrumentos normativos, conforme já demonstrado, era de delimitar aqueles trabalhadores que teriam incorporadas, de forma definitiva, as condições estipuladas, e não ferir-lhes os princípios básicos que sustentam o próprio Direito do Trabalho.

Interpretando o alcance da Súmula n. 51 e contrapondo-a em relação à Súmula n. 277, Maranhão (1989, p. 393) argumenta:

Ora, o princípio é um só, seja a vantagem resultante de regulamento, seja de convenção coletiva, seja de sentença normativa, cabendo salientar que esses últimos, sendo instrumentos coletivos, têm, necessariamente, por definição, eficácia *normativa*. Não seria positivamente lógico que essa eficácia fosse menor que a do regulamento, ato, originariamente, unilateral. A contradição seria flagrante.

A contradição, decerto, é flagrante. O TST está, claramente, privilegiando as pactuações individuais em detrimento das coletivas, conferindo ultratividade às regras estabelecidas nos regulamentos empresariais (unilateralmente elaborados pela empresa, via de regra) e negando-a aos instrumentos normativos que, bilaterais por natureza, representam, de forma mais democrática, as reais necessidades e aspirações dos atores sociais. Trata-se, assim, de privilegiar o individual. A respeito dessa tendência, destaca Viana (2001, p. 53):

> Nesse sentido, é interessante notar, com Canotilho, que estamos vivendo um„ refluxo jurídico„„, com o deslocamento da produção normativa„ do centro para a periferia, da lei para o contrato, do Estado para a sociedade„. Mesmo no campo específico do Direito do Trabalho, a tendência é revalorizar a vontade das partes – em níveis individual e coletivo.

> O mesmo movimento de volta à plena autonomia da vontade faz com que a doutrina enfatize a face contratual da convenção coletiva. De repente, as cláusulas obrigacionais passam a ter mais importância que as normativas, e mesmo estas últimas passam a ser vistas como contratuais, ou seja, sob a ótica tradicional do Direito Civil. É o *velho* travestido de *moderno*.

> Naturalmente, se considerarmos a convenção coletiva mais um *contrato* do que uma *norma*, fica mais fácil defender a tese de que ela só gera efeitos dentro do prazo, mesmo para as relações de emprego iniciadas na sua vigência, e pode ser alterada até para pior, como acontece com os contratos comuns. E com isso não só se reduz o conceito de condição mais benéfica, como se abre uma nova brecha no princípio da irrenunciabilidade.

Ao se negar aplicação do princípio da condição mais benéfica às negociações coletivas, como faz o Tribunal Superior do Trabalho, enfraquece-se a autonomia coletiva dos sujeitos. Com isso, nega-se a própria estrutura do ramo trabalhista.

Ora, decerto que somente no Direito Coletivo do Trabalho é que os trabalhadores, representados por suas entidades sindicais, possuem condições objetivas de alçarem patamares superiores e mais dignos (art. 7º, *caput*, da CR/88) do que aqueles que lhes foram dados, como mínimos, pela legislação estatal. De fato, individualmente, o empregado, hipossuficiente, obedece às regras do patrão (contrato de adesão). Coletivamente, no entanto, cria suas próprias regras.

Assim, se individualmente (contrato de trabalho) há aplicação plena do princípio da condição mais benéfica, mais uma razão para que coletivamente (negociação coletiva) este princípio também seja plenamente aplicável. Por meio dos instrumentos normativos, instrumentos de democratização do poder, é que o trabalhador consegue, realmente, lutar por sua condição de ser humano, cumprindo a função central do ramo trabalhista, num mundo onde o lucro, quase sempre, é privilegiado sobre as pessoas[18].

Os próprios arts. 444 e 622 da CLT transparecem a prevalência conferida aos instrumentos normativos (coletivos) em relação às pactuações individuais (contrato de trabalho):

> Art. 444. As relações contratuais de trabalho podem ser objeto de livre estipulação das partes interessadas em tudo quanto não contravenha às disposições de proteção ao trabalho, aos contratos coletivos que lhes sejam aplicáveis e às decisões das autoridades competentes.

> Art. 622. Os empregados e as empresas que celebrarem contratos individuais de trabalho, estabelecendo condições contrárias ao que tiver sido ajustado em Convenção ou Acordo que lhes for aplicável, serão passíveis da multa neles fixada.

A respeito desse critério hierárquico, explica Nascimento (2008, p. 1.238) que „tem a finalidade de cumprir a finalidade dos instrumentos coletivos, que é suprir a fragilidade individual do empregado perante o empregador."

Neste mesmo sentido é a doutrina italiana de Giugni (1991, p. 117): „Mesmo sendo ambos interesses privados, o interesse coletivo prevalece sobre o interesse individual e o contrato coletivo prevalece sobre o contrato individual".

Além do mais, não há que se negar que os convênios coletivos, apesar da natureza normativa (em sentido material), compreendem um ajuste de vontade e, assim, possuem forma de contrato. Portanto, e como o próprio art. 611 da CLT deixa transparecer, os convênios coletivos também possuem efeitos tipicamente contratuais, dentre eles, a incorporação.

Assim, ao se negar ultratividade às normas coletivas, permite-se que a norma estatal heterônoma (legislação geral trabalhista), que possui, em regra, vigência indeterminada, sobreponha-se às normas gerais autônomas que, por certo, representam, de forma muito mais democrática, a vontade das partes. Esquece-se, portanto, que o Direito do Trabalho, por ter sido construído pelas próprias partes[19], deve ser pensado, teleologicamente, no sentido de privilegiar as negociações coletivas:

---
(18) Essa foi a constatação de Chomsky (2002).
(19) A respeito desta afirmativa, esclarece Viana (2002, p. 14): „Note-se que mesmo a norma do Estado tem sempre um traço do movimento sindical, seja quando é resultado direto de pressões operárias, seja quando apenas importa soluções de outros países (onde essas pressões se exercitaram), seja quando procura se antecipar a possíveis ações coletivas. Assim, sem exagero, pode-se dizer que até entre nós o sindicato tem sido a principal fonte material do Direito do Trabalho".

Não padece de dúvida que a negociação coletiva é o meio mais eficaz para a solução dos conflitos coletivos, e através dele é que se encontram fórmulas para que seja mantida a paz social. E isso melhormente se obtinha através do contrato e do debate entre as partes que representam interesses aparentemente contraditórios mas que, na verdade, buscam uma acomodação. (SÜSSEKIND et al., 2002, p. 1.150).

A negociação coletiva é o processo democrático através do qual as partes buscam, diretamente, uma composição para a regência das relações de trabalho que protagonizam. (SÜSSEKIND et al., 2002, p. 1.164).

[...] a convenção coletiva procura suprir a insuficiência do contrato individual de trabalho. Cronologicamente, o contrato individual de trabalho posiciona-se, em relação às convenções coletivas de trabalho, como um antecedente, essas significando uma evolução natural daquele, passando, a negociação, de individual e singular – entre o trabalhador e o empregador – para coletiva – entre órgãos representativos do trabalhador e o empregador.

A convenção coletiva tem natureza instrumental. Destina-se, na parte normativa, a criar normas que vão projetar-se sobre os contratos individuais de trabalho. (NASCIMENTO, 2000, p. 277).

Se os contratos individuais se revestem de regras absolutas de aderência, com mais razão devem se revestir os convênios coletivos. Assim é que deve caminhar o Direito do Trabalho:

É o ideal a atingir, incontestavelmente, esse da substituição do *contrato individual* pelo *contrato coletivo* do trabalho. E o sindicato operário está destinado a realizar essa revolução no sistema industrial moderno (...). (MORAES apud MORAES FILHO, 1989, p. 29).

Em suma, é pelo direito coletivo, autônomo e livre, que se chega também à autonomia e à liberdade do indivíduo. O coletivo e o individual não se opõem, numa verdadeira democracia, antes se reforçam e se completam. (MORAES FILHO, 1989, p. 31).

Se por meio da negociação coletiva é que se podem alcançar os objetivos que o Direito do Trabalho se propõe a assegurar, certo é que o legislador deverá fortalecê-la:

A negociação visa suprir a insuficiência do contrato individual de trabalho, não sendo essa, no entanto, a sua única finalidade. Mas é uma das suas principais finalidades, talvez aquela que fez com que adquirisse consistência, nos primórdios do direito do trabalho, como fenômeno organizativo inicialmente traduzido como simples coalizão, depois evidenciado através de outras formas, da qual a organização sindical é a mais relevante.

A tal ponto a negociação coletiva é valorizada que há países nos quais é um substitutivo da contratação individual (...). (NASCIMENTO, 2001, p. 541).

No entanto, devem-se fortalecer, também, os sindicatos, sujeitos da negociação coletiva, já que o simples fato de ser um ente coletivo não resguarda um equilíbrio real nas pactuações coletivas:

> Note-se que o simples fato de ser o sindicato um ente coletivo não é bastante para equilibrar as relações de poder e com isso legitimar tudo o que ele faz. Esse discurso tinha sentido numa época em que o sindicato *correspondia* à fábrica, um e outro reunindo trabalhadores em massa; mas não num modelo em que a fábrica se reparte em mil pedaços e o fantasma do desemprego ronda o lar operário.
>
> [...]
>
> Ou seja: a igualdade puramente formal, no plano coletivo, desconstrói o que havia de igualdade real, na esfera do indivíduo. A "livre" negociação coletiva, supostamente entre iguais, "liberta" o contrato individual para as imposições do capital. (VIANA, 2001, p. 59).

3.4.3. O PRINCÍPIO *IN DUBIO PRO OPERARIO*

Por fim, destaca-se também que se pode alcançar a ultratividade normativa pelo princípio *in dubio pro operario*. Conceitua-o Plá Rodriguez (2000, p. 107), no sentido de ser "o critério segundo o qual, no caso de que uma norma seja suscetível de entender-se de vários modos, deve-se preferir a interpretação mais favorável ao trabalhador".

Neste sentido, havendo dubiedade interpretativa razoável (haverá ou não a ultratividade normativa) de uma norma (instrumento normativo), a interpretação mais favorável ao empregado deverá ser aplicada. Como a ultratividade confere, em regra, mais vantagens que desvantagens ao trabalhador, de fato prevalecerá em detrimento à sua negativa.

Além do mais, aponta a doutrina que a divergência no que tange à aderência das cláusulas normativas se dá, justamente, porque não há, de forma expressa, previsão legal específica a respeito dos limites da aderência contratual após o término da vigência dos instrumentos normativos[20]. Neste sentido:

> A Consolidação das Leis do Trabalho se limitou a prever a extinção dos acordos e convenções coletivas nos casos de término da vigência, denúncia ou revogação, sem regular, no entanto, os efeitos decorrentes da extinção, total ou parcial, da norma coletiva, sobre os contratos individuais de trabalho, principalmente nas hipóteses em que não ocorre sucessão de normas coletivas. (SANTOS, 2007, p. 238).

---

(20) Em que pese este entendimento, destaca-se que há, na Carta Magna, previsão expressa de ultratividade normativa (art. 114, § 2º), o que será constatado no próximo item.

Assim, em razão deste suposto vazio normativo, o princípio *in dubio pro operario* pode ser levado em consideração:

> Sempre que a lei se revelar a negação do Direito, devemos ajustá-la, adaptá-la, reeducá-la. Abandonarmos a postura de irresponsáveis por sua formação, para assumirmos a de responsáveis por sua mutação, como se fôssemos (e efetivamente o somos) seus coautores, apenas que distanciados no tempo e no espaço do órgão legislativo. (VIANA, 1996, p. 410).

Tem-se, assim, que o aplicador da lei deve buscar, quando da análise do instituto, qual é a melhor exegese dentro do sistema no qual a norma se insere.

3.5. EM DEFESA DA ADERÊNCIA CONTRATUAL IRRESTRITA

A ultratividade normativa, delineada no item anterior, em razão dos princípios, normas e funções do Direito do Trabalho, não deve ser negada. Vários são os autores que a defendem, conforme já exposto, e muitos também são os países que a adotam, por exemplo, Itália, México, Paraguai, Costa Rica, Bélgica, Venezuela, Romênia e Luxemburgo (MENEZES, 1992, p. 431-432).

Silva (1999, p. 115) ainda afirma:

> Não é a tese da incorporação extravagância do direito brasileiro no mundo atual, porque possível citar exemplos de países estrangeiros que continuam adotando-a. Em Portugal os direitos „ adquiridos e vencidos„ são intocáveis pelo fenômeno da sucessão de convenções. Na Itália é respeitado o „direito adquirido„ com fundamento em convenção coletiva sucedida por outra menos vantajosa. Na Alemanha o art. 4º, § 5º, da TVG declara que a convenção coletiva, após a expiração de sua vigência, produz um efeito *a posteriori*, isto é, continua configurando as relações de trabalho e, portanto, conserva sua eficácia direta. Na França o art. L. 132-6 do Código do Trabalho preceitua que, à falta de estipulação contrária, a convenção ou o acordo de duração determinada que expirar continua a produzir seus efeitos como uma convenção ou acordo de duração indeterminada.

Ocorre que coexistem duas teorias propugnando pela ultratividade normativa que, não obstante este fator comum, divergem noutro aspecto. São elas a teoria da aderência irrestrita e a teoria da aderência limitada por revogação. Esta última, ao contrário da primeira, permite a supressão ou a modificação *in pejus* dos benefícios pactuados quando da celebração de um novo convênio.

No Brasil, o legislador infraconstitucional, optando pela ultratividade normativa, tentou adotar a teoria da aderência limitada por revogação a partir da Lei n. 8.222/89 (art. 1º, parágrafo único), que dispunha:

Art. 1º [...]

Parágrafo único – as vantagens asseguradas aos trabalhadores nos acordos, convenções ou contratos coletivos de trabalho somente poderão ser reduzidas ou suprimidas por posterior acordo, convenção ou contrato coletivo de trabalho.

No entanto, este dispositivo foi vetado pelo Presidente da República, já que a opção interpretativa, à época, era pela aderência limitada pelo prazo. Mais tarde foi promulgada a Lei n. 8.542/92, que, nos mesmos moldes da norma anteriormente vetada, destacou em seu art. 1º, § 1º:

Art. 1º [...]

§1º. As cláusulas dos acordos, convenções ou contratos coletivos de trabalho integram os contratos individuais de trabalho e somente poderão ser reduzidas ou suprimidas por posterior acordo, convenção ou contrato coletivo de trabalho.

Assim, determinou-se a opção do legislador infraconstitucional pela aderência limitada por revogação. No entanto, o dispositivo em questão (§ 1º, do art. 1º) foi revogado por sucessivas Medidas Provisórias, a iniciar pela MP n. 1.053/95 e finalizando na MP n. 2.074-73/01, que finalmente foi convertida na Lei n. 10.192/01.

Essa lei, além de revogar o dispositivo que garantia a ultratividade normativa, destacou, em seu art. 10, que „os salários e as demais condições referentes ao trabalho continuam a ser fixados e revistos, na respectiva data-base anual, por intermédio da livre negociação coletiva„, determinando, ao que tudo indica, o retorno de uma interpretação gramatical da CLT, ou seja, a adoção da aderência limitada por prazo.

Ressalte-se, no entanto, que o período de vigência da norma supracitada foi resguardado pela nova redação da Súmula n. 277, do TST:

SENTENÇA NORMATIVA. CONVENÇÃO OU ACORDO COLETIVOS. VIGÊNCIA. REPERCUSSÃO NOS CONTRATOS DE TRABALHO.

I – As condições de trabalho alcançadas por força de sentença normativa, convenção ou acordos coletivos vigoram no prazo assinado, não integrando, de forma definitiva, os contratos individuais de trabalho.

II – Ressalva-se da regra enunciada no item I o período compreendido entre 23.12.1992 e 28.07.1995, em que vigorou a Lei n. 8.542, revogada pela Medida Provisória n. 1.709, convertida na Lei n. 10.192, de 14.02.2001. (grifo nosso).

Porém, apesar de não mais existir na legislação, essa teoria possui muitos adeptos, dentre eles Delgado (2008, p. 162):

Para esta posição intermediária, os dispositivos dos diplomas negociados vigorariam até que novo diploma negocial os revogasse [...]

[...] Tal posição é tecnicamente mais correta, por se estar tratando de norma jurídica – e norma provisória é, regra geral, uma excepcionalidade. Doutrinariamente é também mais sábia, por ser mais harmônica aos objetivos do Direito Coletivo do Trabalho, que são buscar a paz social, aperfeiçoar as condições laborativas e promover a adequação setorial justrabalhista. Ora, a provisoriedade conspira contra esses objetivos, ao passo que o critério da aderência por revogação instaura natural incentivo à negociação coletiva.

No Direito italiano, essa corrente é defendida por Giugni (1991, p. 145):

De fato, a dinâmica contratual resultaria enormemente freada se os sindicatos de trabalhadores fossem pré-excluídos para fazer concessão sobre alguns institutos contratuais, em troca de outras melhorias consideradas de maior relevância, naquele tempo, ou, tendo em vista objetivos mais gerais de política sindical [...].

Essa teoria mista (mista porque prega a ultratividade, mas permite a revogação ou redução dos benefícios já conquistados) apresenta, como regra, o mesmo critério geral da Lei de Introdução às Normas do Direito Brasileiro:

Art. 2º [...]

§ 1º. A lei posterior revoga a anterior quando expressamente o declare, quando seja com ela incompatível ou quando regule inteiramente a matéria de que tratava a lei anterior.

Além disso, a aderência limitada por revogação parte de algumas outras premissas.

Em primeiro lugar, seus defensores alegam, juntamente com os adeptos da aderência limitada pelo prazo, que a aderência irrestrita (defesa da ultratividade normativa plena e irrevogável) desestimula a negociação coletiva, já que a ideia de uma aderência absoluta dificultaria as tratativas negociais, uma vez que os trabalhadores, tendo suas conquistas garantidas, não se sentiriam incentivados à pactuação.

Neste sentido, destaca Delgado (2008, p. 1.397-1.398) que a aderência limitada por revogação consiste em " importante medida fortalecedora da negociação coletiva, sem o viés petrificador da antiga vertente da aderência irrestrita ", além de que o critério desta aderência " instaura natural incentivo à negociação coletiva " (DELGADO, 2008, p. 162).

Pelo contrário, ousa-se discordar. A aderência limitada pelo prazo e a aderência contratual limitada por revogação podem trazer desestímulo à negociação, na medida em que o art. 114, § 2º, da CR/88 dispõe que, quando da decisão do dissídio coletivo (sentença normativa), o Tribunal deverá respeitar as "disposições mínimas legais de proteção ao trabalho, bem como as convencionadas anteriormente". Sendo assim, tem-se que, no âmbito dos dissídios coletivos, a Constituição conferiu *aderência contratual irrestrita* às normas coletivas[21].

Tal previsão, interpretada no contexto geral da Constituição (de incentivo e estímulo às negociações coletivas), faz crer que a aderência contratual irrestrita, lá exposta, é capaz de incentivar as negociações coletivas.

Ora, não há como se cogitar em estímulo à negociação coletiva se, no âmbito dos dissídios coletivos, há garantia de ultratividade (expressa no art. 114, § 2º, da CR/88 – manutenção das conquistas anteriores), mas no âmbito das pactuações autônomas (convenções e acordos coletivos) se defende que não há qualquer garantia e que, por isso, pode-se cogitar em redução ou supressão das conquistas anteriores.

Como exemplo, tem-se que um sindicato profissional, fraco[22], vê-se na iminência de perder conquistas anteriores (o que é possível de acordo com a teoria da aderência limitada pelo prazo ou por revogação), uma vez que o sindicato patronal, forte, impõe suas condições para negociação. Será que o sindicato profissional preferirá negociar e reduzir (ou perder) direitos, ou preferirá instaurar dissídio coletivo para, pelo menos, manter, por força constitucional, os benefícios já conquistados?

Assim, enquanto a jurisprudência e a doutrina não adotarem a aderência contratual irrestrita como regra, dificilmente um sindicato optará pela negociação (já que pode acabar perdendo direitos, de acordo com a força da pressão empresarial), mas facilmente optará pelo dissídio coletivo, pois em seu âmbito há previsão constitucional expressa de manutenção das conquistas.

No entanto, após a promulgação da Emenda Constitucional n. 45/2004, surge outro problema: os trabalhadores não podem mais optar livremente pela instauração do dissídio coletivo, uma vez que, para isso, deverão conseguir o "comum acordo" da parte contrária[23].

Neste sentido, haverá um aumento no índice de negociações. Mas, decerto, não porque as partes se virão estimuladas a negociarem, mas porque provavelmente as representações patronais não concederão o "comum acordo" para a instauração de dissídio coletivo (o que impediria a ultratividade normativa via sentença normativa – art. 114, § 2º, da CR/88).

---

(21) Para uma análise mais aprofundada do art. 114, § 2º, da CR/88, consultar o próximo item.
(22) Conforme já destacado, pode-se dizer que, no Brasil, grande parte dos sindicatos da categoria profissional são fracos em comparação aos sindicatos da categoria econômica ou, até mesmo, em comparação às empresas. Isso se deve não só ao poder inerente ao capital, mas também pela vontade do legislador constituinte em manter fracos os sindicatos, não lhes dando subsídio para uma plena liberdade e autonomia sindicais, o que faz surgirem interpretações restritivas a estes princípios.
(23) O assunto é divergente, como já demonstrado. Esta posição foi apresentada somente porque é defendida pelo TST.

A partir daí, as negociações celebradas não mais visariam uma progressão de patamares, mas sim sua redução. O„ comum acordo„ se transforma em„ moeda de troca„ nas negociações. Já que a doutrina atual nega a ultratividade normativa no âmbito das negociações e como não se instaura dissídio sem a anuência da outra parte, não restará outra saída aos trabalhadores senão negociarem alguns benefícios em troca de uma redução mais tímida. Em longo prazo isso pode significar a perda de todas as conquistas históricas da classe trabalhadora.

Assim, pode-se até dizer que dentro desta nova realidade (seja no que tange à atual preferência pela aderência limitada, seja no que tange ao„ comum acordo„) a não aderência contratual das normas coletivas não necessariamente desestimularia as negociações, já que muitas seriam celebradas, mas, de fato, as *enfraqueceria*.

A respeito do tema, Viana (2001, p. 54-55):

> Essa nova realidade altera profundamente as relações de poder. Se antes o sindicato se sentava à mesa para negociar conquistas, hoje tem de usar a pouca força que lhe resta para evitar o processo de reconquista patronal. Se antes estava protegido pela norma estatal, que impedia a revisão *para pior* das cláusulas convencionais, agora se vê entregue à sua sorte. Se antes ameaçava com a greve, hoje se sente ameaçado por uma versão disfarçada e piorada do *lock-out* – pois a empresa pode fechar suas portas em Belo Horizonte e reabri-las em Bombaim. Se antes partia do patamar anterior, hoje tem de recomeçar sempre do zero – o que é cada vez mais difícil, pois o seu enfraquecimento é progressivo. Se era um sindicato de ataque, agora se vê transformado em sindicato de resposta, ou de defesa.

O fortalecimento e o estímulo às negociações coletivas passam, portanto, pelo crivo da aderência contratual irrestrita, já que os trabalhadores poderão, dentro desta perspectiva interpretativa, negociar exatamente como prevê o art. 7º, *caput*, da CR/88: buscando a melhoria de suas condições sociais e sem preocupação com a perda de suas conquistas.

Em segundo lugar, ainda criticando a aderência irrestrita, Delgado (2008, p. 161) explica que:

> Tal vertente já foi prestigiada no Direito do país, quando não se reconhecia à negociação coletiva o poder de criar efetivas normas jurídicas. A partir da Carta de 1988 – que pioneiramente (se considerada a tradição dos 50 anos anteriores) impulsionou a negociação coletiva no Brasil, reconhecendo seu real caráter de fonte criativa de normas (e não simples cláusulas) –, a antiga posição perdeu densidade e prestígio jurídicos.

Frise-se, no entanto, que a doutrina e a jurisprudência, mesmo antes da Constituição de 1988, não questionavam a natureza normativa dos instrumentos coletivos:

> De extraordinária significação para a estrutura sindical, a convenção coletiva celebrada entre sindicatos de empregados e de empregadores, no setor da respectiva profissão e correspondente atividade econômica. Havemos de assinalar, principalmente, o seu *poder normativo*. É o que caracteriza o instituto, e lhe justifica a existência, e tem por escopo sobrepor suas cláusulas às dos contratos individuais, existentes e futuros. (MENEZES, 1957, p. 115).

Ademais, mencione-se que, como a teoria da aderência limitada por revogação pressupõe a ultratividade normativa, ela também admite, por consequência, a aderência contratual das cláusulas normativas. Admitida a aderência, admite-se sua incorporação ao contrato de trabalho. Uma vez incorporados, os benefícios não mais poderão ser suprimidos, sob pena de se permitir revogação de condição mais benéfica por norma menos favorável.

Ao permitir que novo instrumento normativo altere, inclusive *in pejus*, as condições de trabalho aderidas, a teoria da aderência limitada por revogação se contradiz. Assim, aparentemente, essa teoria nega o que defende, relativizando a ultratividade e, com isso, pondo em xeque suas premissas básicas.

Ora, como o legislador constituinte visou, em regra, a melhoria das condições de pactuação de trabalho (art. 7º, *caput*, da CR/88), não se pode admitir que o novo instrumento revogue, suprima ou reduza patamares já conquistados.

Ademais, o fato de a classe trabalhadora ver garantidas, sempre, as condições anteriormente conquistadas, não é algo negativo. Pelo contrário. Essa garantia é necessária e legal. Necessária porque, na prática, não existe equivalência entre os contratantes coletivos, já que o próprio legislador constituinte manteve fracos os sindicatos profissionais, em relação aos da categoria econômica, não dando subsídios para uma plena liberdade e autonomia sindicais[24]. Legal porque este é o direcionamento interpretativo que o Direito do Trabalho exige de seus aplicadores e intérpretes, a teor do *caput* do art. 7º da CR/88:„ São direitos dos trabalhadores urbanos e rurais, além de outros que visem a *melhoria de sua condição social.*„ (grifo nosso).

Verifica-se, portanto, que os instrumentos normativos se dão para, sempre[25], melhorarem as condições dos trabalhadores. E mais: se as condições sociais dos trabalhadores somente podem ser mantidas ou majoradas, de forma alguma se poderia interpretar que um instrumento normativo, futuro, visaria suprimir as normas

---

(24) Conforme já aduzido nos itens e capítulos anteriores.
(25) Ressalvadas as exceções constitucionais que, decerto, não constituem essência dos instrumentos. A tendência do Direito do Trabalho é progredir e não regredir.

entabuladas no instrumento anterior, principalmente porque o art. 1º, inciso IV, da CR/88 limita a livre-iniciativa ao respeito dos valores sociais do trabalho:

> Art. 1º. A República Federativa do Brasil [...] tem como fundamentos:
>
> [...]
>
> IV – os valores sociais do trabalho e da livre-iniciativa.

Note-se, no que se refere à norma supracitada, que não se trata de valores sociais do trabalho e livre-iniciativa, mas sim de valores sociais: *do* trabalho e *da* livre-iniciativa. Sendo assim, a livre-iniciativa encontra-se adstrita, sempre, aos valores sociais do trabalho, absolutos sobre ela (note-se que os direitos fundamentais da *pessoa* encontram-se no início do texto constitucional – art. 5º e seguintes – e que a ordem econômica, fundada na *valorização* do trabalho humano, encontra-se no fim do texto – art. 170 e seguintes).

Portanto, buscar interpretações no sentido de supressão de benefícios já conquistados, o que permitiria reduzir o patamar normativo dos trabalhadores (patamar este que deve ser, pelo menos, mantido), fere o papel histórico do Direito do Trabalho que lhe conferiu um caráter essencial de progressividade:

> Assim, só faz sentido falar em sindicato – e, por extensão, em negociação coletiva – quando o objetivo for melhorar a condição de vida do trabalhador. Aliás, o empresário dispensa mediações para realizar os seus próprios interesses. Por consequência, uma convenção coletiva que precariza direitos trai o seu papel histórico e contradiz a sua própria essência. Só é convenção no nome.
>
> [...]
>
> Em termos de tendência (note-se: por ora, é apenas uma tendência), a convenção coletiva passa a servir a outros fins. Ao invés de reduzir os níveis de exploração, e (com isso) legitimar o sistema, começa a legitimar a própria exploração que o sistema produz. Ao mesmo tempo, serve para que o Estado – imitando, uma vez ainda, a empresa – externalize um de seus mais altos custos, o custo político da desconstrução do Direito. (VIANA, 2001, p. 57).

3.5.1. O § 2º DO ART. 114, DA CR/88

A despeito dos argumentos já levantados, deve-se destacar que o art. 114, § 2º, da CR/88 justifica a ultratividade plena da norma (aderência irrestrita) e, ainda, permite uma reinterpretação da aderência irrestrita clássica.

De início, importante mencionar que a interpretação levantada no item anterior, no sentido de que haveria garantia de ultratividade plena (aderência irrestrita) quando do exercício heterônomo do poder normativo (sentenças normativas), mas não haveria quando de seu exercício autônomo (convênios coletivos), deu-se apenas para comprovar que as teorias defensoras da limitação da aderência não necessariamente estimulam as negociações coletivas[26].

Partindo-se do pressuposto de que convenção coletiva, acordo coletivo e sentença normativa são instrumentos normativos que se identificam no conteúdo, certo é que seus efeitos devem ser os mesmos. Já se destacou anteriormente, neste mesmo capítulo, que as sentenças normativas são substitutas dos convênios coletivos quando a negociação coletiva se frustra. Assim, têm a mesma essência:

> Afinal – diga-se desde já – a sentença normativa é um substitutivo processual de uma convenção malograda, como se infere, claramente, da sequência dos meios de solução dos conflitos coletivos a que se referem os §§ 1º e 2º do art. 114 da Constituição.
>
> [...]
>
> Como ninguém ignora, sentença coletiva e convenção coletiva equiparam-se pela normatividade que lhes serve de traço característico, razão pela qual a doutrina alemã chamou a sentença coletiva de "contrato coletivo forçado". (MARANHÃO, 1989, p. 391-392).

Portanto, não há qualquer justificativa para se aplicar a regra constitucional da ultratividade plena (art. 114, § 2º, da CR/88) aos instrumentos heterônomos e não aplicá-la aos instrumentos autônomos. Aliás, a mesma lógica utilizada pelos defensores da aderência limitada pelo prazo, no que se referia ao real alcance da Súmula n. 277 do TST (em sua antiga redação), pode ser usada para a defesa desse argumento[27]:

> A jurisprudência dessa Corte tem aplicado o Enunciado n. 277 do TST, não só nas hipóteses de sentença normativa, mas também com relação aos instrumentos normativos em geral, de forma que a decisão do TRT, que mantém a incorporação definitiva de vantagens instituídas por acordo coletivo ao contrato individual de trabalho, incorre em contrariedade ao aludido entendimento. (TST. RR-713977/00, Publicação: DJ de 31/10/2003. Relator: Ministro Moura França, 4ª Turma).

Como a doutrina e a jurisprudência eram majoritárias ao estender o alcance da Súmula n. 277 do TST, que mencionava apenas sentenças normativas, aos convênios coletivos, certo é que o alcance da previsão constitucional da aderência irrestrita, designada especificamente às sentenças normativas, também deve ser estendido aos convênios coletivos.

---

(26) Isso porque, como se atestará, a garantia de ultratividade constitucional abarca não só as sentenças normativas, mas, também, os convênios coletivos.
(27) Sobre o tema, verificar o item 3.3 deste capítulo.

E mais. Como o conteúdo dos convênios coletivos é o mesmo da sentença normativa, deve-se privilegiar a manutenção dos benefícios, seja pelo poder normativo autônomo, seja pelo poder normativo heterônomo, já que suas cláusulas normativas, geralmente mais benéficas do que as normas estatais[28], também irão aderir aos contratos.

Além do mais, a tendência constitucional é pelo estímulo às pactuações autônomas e desestímulo ao exercício heterônomo do poder normativo, o que já foi mencionado[29].

Assim, como há uma tendência de se privilegiar os convênios coletivos, certo é que não faz sentido interpretar que a ultratividade plena se aplicaria às sentenças normativas, mas não aos convênios coletivos.

Não obstante, existem pensamentos em contrário, por exemplo:

> [...] a incorporação apenas é garantida no caso específico de norma convencional anterior, se o conflito for apreciado pelo Judiciário Trabalhista, já que este não poderá deixar de incluir na sentença normativa as vantagens previstas no acordo cuja vigência expirou. (MARTINS FILHO, 2003, p. 46).

O posicionamento acima destacado, no entanto, não aparenta ser o mais adequado. Primeiro porque todos os instrumentos normativos possuem e geram os mesmos efeitos, tanto quando são celebrados, como quando cessam a vigência. Em segundo lugar porque se se fosse escolher qual instrumento, dada sua importância, deveria aderir irrestritamente, certo é que os convênios coletivos (poder normativo autônomo) seriam a escolha certa, dada sua importância (além de que o Estado busca estímulo às negociações, o que seria alcançado dentro desta perspectiva).

Assim, não devem pairar dúvidas no sentido de que a ultratividade normativa, prevista no art. 114, § 2º, da CR/88, é plenamente aplicável às sentenças normativas, às convenções coletivas e aos acordos coletivos.

Dito isso, mencione-se que a ultratividade constitucional possui elementos para que se reinterprete a aderência irrestrita, adequando-a não só ao texto constitucional, mas à realidade que circunda as atuais relações de trabalho.

A aderência irrestrita clássica limita, não obstante sua ultratividade, a incorporação das cláusulas normativas somente àqueles empregados que trabalharam durante a vigência do instrumento, sendo que o prazo do instrumento normativo delimitaria sua eficácia normativa[30].

---

(28) Ressalvadas as exceções constitucionais, o que já se mencionou.
(29) Verificar capítulo anterior.
(30) Conforme os argumentos já expostos de Délio Maranhão, no item 3.4.1, deste capítulo.

Assim, todos os trabalhadores que laboraram nas respectivas empresas, dentro da vigência do instrumento, terão incorporadas, de forma irrestrita, aquelas condições de trabalho. Cessada a vigência do instrumento, estes trabalhadores permanecerão beneficiários das normas coletivas, mas os novos funcionários não.

Ocorre que esta não é a melhor interpretação que se extrai do art. 114, § 2º, da CR/88. Pelo contrário, o dispositivo não impõe tal limitação e, ao não fazê-lo, em prol da classe trabalhadora, atraiu a possibilidade de ser amplamente interpretado – interpretação extensiva.

Por determinação constitucional, deve-se respeitar, quando da prolação da sentença normativa, as disposições mínimas legais de proteção ao trabalho, bem como as convencionadas anteriormente.

Ora, como o julgamento dos dissídios tende a ultrapassar a duração do instrumento normativo anterior (pois só há dissídio se não há negociação), mesmo que seja instaurado dentro dos sessenta dias anteriores à data-base (art. 616, § 3º, da CLT), quando da prolação da sentença normativa haverá um "vazio normativo", correspondente ao espaço de tempo entre o término da vigência do instrumento anterior e a data do efetivo julgamento do dissídio.

Dentro desse "vazio normativo", nos moldes da teoria da aderência irrestrita clássica, somente terão direito às condições estipuladas no pacto anterior aqueles empregados que trabalharam durante sua vigência. Já os empregados contratados dentro desse "vazio normativo" não terão nenhum direito.

Ocorre que quando o Tribunal proferir a sentença normativa ele deverá, por expressa determinação constitucional, manter todas as conquistas históricas da classe, ou seja, deverá respeitar todas as condições convencionadas anteriormente. Com isso, efetivamente, não haverá um "vazio normativo", pois ele será preenchido com a norma convencionada anteriormente.

Assim, todos os empregados, inclusive aqueles contratados no período de "vazio normativo" serão abrangidos pela norma coletiva, pois as novas vantagens retroagirão à data-base da categoria, justamente em razão da ultratividade normativa (art. 114, § 2º, da CR/88)[31].

Essa perspectiva encontra-se clara na redação da norma constitucional, já que quando se exige respeito às disposições convencionadas anteriormente, permite-se entender que no momento em que se profere a sentença normativa, as normas coletivas anteriores se encontram em plena vigência, aderidas não só aos contratos individuais daqueles que durante sua vigência foram contratados ou já trabalhavam, mas também aderidas aos novos contratos.

---

(31) Em razão da redação do parágrafo 2º do art. 114 da CR/88 poder-se-ia cogitar, inclusive, na desnecessidade do ajuizamento do dissídio coletivo dentro dos sessenta dias que antecedem o término da vigência do instrumento anterior (art. 616, § 3º, da CLT) para que a sentença normativa possa retroagir à data-base (art. 867, parágrafo único, da CLT).

Ora, não se mantém o que não mais existe. Para que as disposições convencionadas sejam mantidas, certo é que elas deverão estar, quando da prolação da sentença normativa, em pleno vigor. Somente após o julgamento do dissídio é que o antigo instrumento será substituído, mantendo-se as condições benéficas anteriores.

Assim, o dispositivo constitucional amplia os limites clássicos da aderência irrestrita, uma vez que determina, expressamente, a vigência da norma coletiva mesmo depois de esgotado o prazo estipulado, sendo certo que esta norma não se restringirá aos empregados que trabalharam dentro do prazo do instrumento, mas será estendida a todos os trabalhadores da categoria profissional.

Ora, se esta é a lógica aplicada às sentenças normativas, esse também deve ser o direcionamento interpretativo dos convênios coletivos. A ultratividade constitucional será plena e ampla, tanto nas sentenças normativas, como nas pactuações autônomas.

E como é desnecessária, para se garantir a aderência contratual plena e ampla, a instauração de dissídio coletivo (já que a ultratividade constitucional também se aplica aos convênios coletivos), com certeza haverá estímulo às negociações, o que fortalecerá a liberdade negocial das partes.

Destaque-se que a incorporação das normas coletivas para contratações futuras, findo o prazo do instrumento normativo, justifica-se não somente pelo princípio da isonomia, mas com certeza pelo próprio dispositivo constitucional (art. 114, § 2º, da CR/88). Quanto à aplicação daquele princípio, e em sentido contrário, destaca SILVA (1999, p. 107):

> É [a condição mais benéfica] uma garantia *ad personam,* de sorte que não se estende aos contratados sob a égide da nova norma, modificativa *in pejus* da anterior. Tal desigualdade não fere, no caso, o princípio constitucional da isonomia, de que descende o de tratamento igual do Direito do Trabalho, pois um e outro proíbem discriminações arbitrárias e não as que tenham causas objetivas como aquelas decorrentes do respeito à condição mais benéfica e, em consequência, ao direito adquirido, que socorre aos trabalhadores amparados pela aludida condição mas não aos outros.

No entanto, ousa-se discordar. Isso porque as condições estabelecidas nos instrumentos normativos não aparentam ser garantias *ad personam*. Quando se celebra um contrato individual, certamente se estabelece uma série de benefícios ligados única e exclusivamente ao trabalhador, individualmente considerado.

Ocorre que os instrumentos normativos não costumam direcionar seu conteúdo a um sujeito certo e determinado. A categoria profissional, beneficiária das normas coletivas, deve ser considerada a partir de uma noção mais ampla de sujeito. Assim, não conquistam, via de regra, garantias *ad personam*. Tanto é que as categorias são compostas, também, de sujeitos ocultos, uma massa invisível de trabalhadores em potencial que tem expectativa de ser futuramente beneficiada.

Além do mais, essa massa trabalhadora invisível também pode se unir aos trabalhadores visíveis em manifestações sindicais. Assim, todos eles, ocultos ou não, compõem a categoria profissional. Com isso, mesmo os que não trabalham podem ser beneficiados, direta ou indiretamente, pelas cláusulas normativas. Desta forma, as normas coletivas não se direcionam a uma pessoa. Direcionam-se a uma coletividade que, às vezes, nem se determina.

Então, todos os trabalhadores têm direito a benefícios coletivos equivalentes, ou seja, provenientes de um instrumento normativo. Neste caso, a isonomia se opera, o que não ocorre quando os benefícios possuem fonte individual (contrato de trabalho), já que, neste caso, são garantias *ad personam*.

A partir dessa aderência plena constitucional, todos os benefícios já conquistados se tornam o ponto de partida (patamar mínimo) para a próxima negociação coletiva que, assim, com certeza, atenderá aos anseios constitucionais pela busca por melhores condições de trabalho e de vida.

Viana (2001, p. 49) explica que esta teoria já havia sido cogitada:

> Já outros chegavam a dizer que *nem mesmo para isso* o prazo servia: até os contratos *futuros* seriam beneficiados, ainda que indiretamente, pela convenção já extinta. A ultratividade seria, portanto, *absoluta*.

> Os argumentos dessa corrente eram a isonomia e o costume empresarial. Vale dizer: à época da admissão dos novos empregados, a cláusula convencional já se teria convertido em regra aplicável a todos, desvinculada do fato que a havia gerado.

> Além disso, boa parte da doutrina entendia que as cláusulas não podiam ser suprimidas, e só eram substituíveis *para melhor*. Assim, cada convenção coletiva funcionava como piso para a subsequente, numa aplicação bem mais ampla do chamado princípio da "condição mais benéfica".

E nada mais justo, pois o trabalhador, na fábrica, luta por melhores condições e consegue, periodicamente, concessões de seu patrão, uma a uma. Assim, a cada ano, suas condições de trabalho vão melhorando.

Imagine-se, no entanto, se a cada ano, após conquistar um benefício, esse trabalhador tivesse que, mais uma vez, reconquistá-lo? Decerto que suas condições de vida e de trabalho não evoluiriam. Pelo contrário, se estagnariam, pois a cada período de tempo, ao invés de lutar por novas e melhores condições de labor, o trabalhador teria que lutar para manter aquilo que já conquistou.

Assim, não seria justo que, de dois em dois anos, por exemplo, todas as conquistas fossem revisadas, sob pena de perecerem. Essas devem ser mantidas para que as conquistas históricas dos trabalhadores não passem a ser conquistas imediatas. A história caminha para frente, direção das lutas trabalhistas, e não para trás.

Com isso, o que se constrói é o efetivo fortalecimento de uma classe que lutará, como deve ser feito, para conquistar novos direitos, e não para reconquistar aqueles já concedidos. Neste sentido operar-se-ia, de fato, a segurança jurídica.

E como o direcionamento interpretativo do Direito do Trabalho, assim como suas normas, é indisponível e de ordem pública (até mesmo os sujeitos coletivos estão vinculados à elaboração de cláusulas em harmonia com a normatização estatal e com a hermenêutica própria do ramo justrabalhista), certo é que não há como se escapar dessa exegese.

Aliás, uma interpretação que dignifica o trabalhador, resultante da concretização da aderência contratual irrestrita, mais do que nunca se faz necessária. Isso porque o dissídio coletivo, uma das poucas alternativas da classe trabalhadora para manter seus patamares de conquistas *numa realidade limitadora da aderência contratual*, foi limitado, de acordo com a jurisprudência até então dominante, à concordância da parte contrária (art. 114, § 2º, da CR/88 alterado pela EC n. 45/2004).

Além do mais, como as negociações possuem uma função pacificadora, certo é que caso se adotasse a teoria da aderência limitada concomitantemente com a interpretação que exige o„ comum acordo„ para a instauração de dissídios coletivos (aparato constitucional que garantia a manutenção das conquistas históricas da categoria profissional), certo é que o conflito permaneceria e a tão almejada paz social teria, assim como os instrumentos, vigência determinada. Seria uma guerra sem fim!

3.5.2. O REAL ALCANCE DA EXPRESSÃO: "DISPOSIÇÕES MÍNIMAS LEGAIS DE PROTEÇÃO AO TRABALHO, BEM COMO AS CONVENCIONADAS ANTERIORMENTE"

Conforme já dito, se o sentido que a jurisprudência dá à ultratividade normativa, no que tange às sentenças normativas, é o da manutenção das conquistas históricas (art. 114, § 2º, da CR/88), trata-se de um dever aplicá-la aos convênios coletivos. Os julgamentos dos dissídios coletivos de natureza econômica destacam, inclusive, a desnecessidade de se clamar pela manutenção das cláusulas já previstas e instrumentos anteriormente convencionados, vez que tais cláusulas constituem direito adquirido dos trabalhadores e já integram seu patrimônio, não podendo ser retiradas:

[...] 4. – Cláusulas Objeto de Discussão.

Considerando-se o disposto no art. 114, § 2º, da Constituição da República, a Justiça do Trabalho deve respeitar as condições convencionadas anteriormente ao proferir a sentença normativa.

Portanto, entendo que as conquistas anteriores da categoria profissional devem ser mantidas pela presente sentença normativa, principalmente no caso em tela, em que o instrumento coletivo anterior foi elaborado por livre negociação das partes.

(TRT-DC-00318-2005-000-03-00-7. SDC. Relator: Desembargador Paulo Roberto Sifuentes Costa. Revisor: Desembargador Luiz Otávio Linhares Renault. Publicação: DJMG de 10.06.2005).

Deve-se traçar, portanto, um patamar mínimo a partir das cláusulas normativas anteriormente previstas. Assim, todas as normas são passíveis de ultratividade, tanto as produzidas por meio do poder normativo autônomo, como as produzidas por meio do heterônomo. É bom destacar, no entanto, que o Tribunal Superior do Trabalho, em recentes julgados, decidiu por limitar a ultratividade normativa às cláusulas normativas imediatamente anteriores e provenientes apenas de convênios coletivos. Por exemplo:

> [...] A ampliação da competência da Justiça do Trabalho, trazida pela EC 45/04 ao texto constitucional, possibilita-lhe, no exercício do Poder Normativo, estabelecer normas e condições de trabalho em dissídio coletivo, respeitadas, porém, as disposições convencionais mínimas, ou seja, as cláusulas preexistentes. Nos moldes da jurisprudência desta Corte, reputam-se, como tais, aquelas condições pactuadas pelas mesmas partes, em convenção coletiva de trabalho, ou acordo, no ano imediatamente anterior ao da instauração do dissídio, hipótese não ocorrida no presente caso. Nesse sentido, o fato de as condições não terem sido mais acordadas, evidencia a não disposição do setor econômico respectivo em suportar os encargos advindos do estabelecimento ou da manutenção de tais benefícios, não cabendo, também a esta Justiça Especializada a sua fixação via sentença normativa, se não houver elementos que justifiquem a concessão. (TST/SDC. ED-RODC: 525/2005-000-03-00. Publicação: DJ de 28.11.2008. Rel. Ministra Dora Maria da Costa).

Note-se, assim, que este entendimento aparenta ser um retrocesso nas relações coletivas de trabalho e, também, ao próprio Direito do Trabalho, sem mencionar o fato de que fere diretamente a Carta Magna em seu art. 114, § 2º.

Esse dispositivo constitucional destaca que as conquistas históricas dos trabalhadores, em razão da ultratividade normativa, deverão ser resguardadas pelos Tribunais. Assim, uma das regras do poder normativo da Justiça do Trabalho consiste na manutenção das normas legais e dos instrumentos normativos da categoria quando do julgamento da sentença normativa.

E é necessário observar que este direcionamento constitucional (*ultratividade*) não foi introduzido pela Emenda Constitucional n. 45/2004. Na verdade, como se viu, o parágrafo segundo do art. 114 da CR/88 sempre previu a *ultratividade* das normas legais e coletivas quando do julgamento dos dissídios coletivos. Após a publicação da EC n. 45/2004, a redação do § 2º do art. 114 da CR/88, apesar de alterada, manteve o direcionamento constitucional previsto anteriormente:

Art. 114, § 2º, da CR/88 (antes da EC n. 45/2004): [...] respeitadas as disposições convencionais e legais mínimas de proteção ao trabalho. [...]

Art. 114, § 2º, da CR/88 (após a EC n. 45/2004): [...] respeitadas as disposições mínimas legais de proteção ao trabalho, bem como as convencionadas anteriormente. [...]

Tanto não houve mudança substancial no texto constitucional[32] que o direcionamento do TST, tanto antes como logo depois da EC n. 45/2004, deu-se no sentido de resguardar as conquistas anteriores da classe trabalhadora:

DISSÍDIO COLETIVO DE NATUREZA ECONÔMICA E REVISIONAL. CLÁUSULAS PREEXISTENTES. ART. 114, § 2º, DA CF/88.

À luz do art. 114, § 2º, da Constituição da República de 1988, cabe à Justiça do Trabalho, no exercício do Poder Normativo, estabelecer normas e condições de trabalho em dissídio coletivo, respeitadas as„ disposições convencionais mínimas„. *Para que o preceito constitucional em tela ostente algum sentido lógico, reputam-se disposições mínimas as cláusulas preexistentes, pactuadas em convenções coletivas de trabalho, em acordos coletivos de trabalho ou <u>contempladas em sentenças normativas</u>. Tais cláusulas, constituindo um piso de conquistas da categoria profissional, balizam o julgamento do dissídio coletivo,* a menos que, em face da dinâmica da economia e da sociedade, resulte demonstrada a excessiva onerosidade ou inadequação de determinada cláusula.

(TST/SDC. RODC: 31084/2002-900-03-00. Publicação: DJ de 17.10.2003. Relator: Ministro: João Oreste Dalazen). (grifos nossos).

PRELIMINAR DE NÃO CONHECIMENTO DO RECURSO POR INTERPOSIÇÃO EQUIVOCADA ARGUIDA EM CONTRARRAZÕES. Acha-se consagrado na jurisprudência orientação de se adotar, no sistema do CPC de 1973, o princípio da fungibilidade recursal que o fora no de 1939, cuja aplicação pressupõe que o erro na interposição de um recurso por outro seja escusável. Não obstante o recurso cabível contra sentença normativa fosse o recurso ordinário e malgrado o recorrente titulasse o recurso interposto de„ recurso de revista„„ com remissão ao art. 896, percebe-se não ter passado de mero e escusável equívoco. Isso porque as razões recursais não se referem àquele recurso de índole excepcional e sim ao recurso ordinário do art. 895, *b*, da CLT, uma vez que contemplam irresignação pertinente às condições de trabalho deferidas pelo Tribunal de origem. PRELIMINAR DE DESERÇÃO ARGUIDA EM CONTRARRAZÕES. O item V da Instrução Normativa n. 3/93 diz textualmente:„ Nos termos da redação do § 3º do art. 40, não é exigido depósito para recurso ordinário interposto em dissídio coletivo, eis que a regra aludida atribui apenas valor ao recurso, com efeitos limitados, portanto, ao cálculo das custas processuais„. PRELIMINAR DE INÉPCIA DO RECURSO. ARGUIDA EM CONTRARRAZÕES. Compulsando a sentença

---
(32) Neste específico aspecto.

normativa, constata-se não ter o Regional dado os fundamentos pelos quais deferira as cláusulas referentes ao PLR e ao abono único. Sendo assim, embora o recorrente não tivesse embargado de declaração, não se vislumbra das razões recursais o seu pretendido divórcio com a inocorrida motivação da decisão de origem. Já a denúncia de que no recurso ordinário trouxe-se à colação informações discrepantes da decisão recorrida não é motivo para dele não se conhecer, mas eventualmente deliberar-se sobre a ocorrência de litigância de má-fé, de que o recorrido não cogitou em contrarrazões. Preliminares rejeitadas. *MÉRITO. CLÁUSULAS 34ª PARTICIPAÇÃO NOS LUCROS E 37ª ABONO ÚNICO. A participação nos lucros e resultados, como o abono salarial, eram cláusulas preexistentes, cuja manutenção atende ao comando do § 2º do art. 114 da Constituição, com a inovação introduzida pela Emenda Constitucional n. 45, de 2004, segundo a qual a Justiça do Trabalho, ao decidir o conflito, respeitará as disposições mínimas legais de proteção ao trabalho, bem como as convencionadas anteriormente. Esse comando já se achava subentendido na antiga redação do § 2º do art. 114, ao assinalar que cabia à Justiça do Trabalho estabelecer normas e condições, respeitadas as disposições convencionais e legais mínimas de proteção ao trabalho.* [...]. (TST/SDC. RODC: 0053/2004-000-03-00. Publicação: DJ de 06.05.2005. Relator: Ministro: Barros Levenhagen). (grifos nossos).

Note-se, assim, que a jurisprudência do TST, antes e depois da publicação da EC n. 45/2004, decidia em favor da manutenção de todas as conquistas históricas da categoria, *estivessem elas em acordo coletivo, convenção coletiva ou sentença normativa*. Assim, este deve ser o atual entendimento, inclusive após a promulgação da EC n. 45/2004, que, neste ponto – *ultratividade* –, não alterou o sentido da regra.

Portanto, decisões no sentido de limitação de manutenção das vantagens previstas apenas nos instrumentos autônomos *imediatamente* anteriores ao dissídio não nos parecem razoáveis, já que limitam a aplicação da norma constitucional, sendo certo que, por se tratar de norma favorável à classe trabalhadora, deveria ser interpretada de forma ampla e não restrita.

Lembre-se que não há distinção, a teor dos argumentos apresentados no item anterior, entre norma coletiva autônoma e heterônoma no que tange à sua ultratividade, principalmente porque convênio coletivo e sentença normativa possuem diferenças apenas na origem e na forma, sendo uma substituta da outra quando frustrada a negociação. As "conquistas anteriores" são todas aquelas historicamente adquiridas pela categoria profissional, não importando quando ou como foram conquistadas.

Lado outro, é bom lembrar, ainda uma vez, que a maioria dos benefícios das categorias profissionais foi conquistada, ao longo do tempo, por meio de instrumentos normativos autônomos. As sentenças normativas, ao longo dos últimos anos, apenas garantiram, aos trabalhadores, a manutenção de suas conquistas.

Portanto, já que as cláusulas presentes em uma sentença normativa foram, um dia, conquistadas em normas autônomas, pode-se dizer que são conquistas „ *convencionadas anteriormente*„. Ademais, onde o legislador não limitou, não cabe ao intérprete fazê-lo (a expressão„ anteriormente„ não limita ao ano imediatamente anterior e, assim, deve ser entendida como toda e qualquer conquista histórica).

E mesmo que a expressão constitucional„ *bem como as convencionadas anteriormente*„ vinculasse o intérprete apenas aos instrumentos autônomos, a manutenção dos benefícios previstos em sentenças normativas, ainda assim, deveria ser deferida, já que a sentença normativa, por possuir natureza jurídica de lei em sentido material, encontra-se amparada na expressão constitucional, também do art. 114, § 2º, da CR/88,„ *disposições mínimas legais*„.

Ora, todas as normas conquistadas de forma autônoma (*convencionadas anteriormente*) e de forma heterônoma (*disposições mínimas legais*) encontram-se resguardadas pela regra constitucional. Assim, tudo o que já se conquistou deverá ser mantido.

CONCLUSÃO

O Direito do Trabalho, em seu nascedouro, foi construído a partir dos esforços e das lutas de uma classe que, em razão dos paradigmas instaurados (liberalismo e capitalismo), foi extremamente oprimida. O próprio sistema, sua estrutura e a forma de organização das empresas propiciaram a criação deste antídoto. Coletivamente conscientes, os trabalhadores, unidos, inauguraram um novo Direito, baseado em suas lutas e conquistas.

Num primeiro momento, a construção do ramo trabalhista se deu de forma autônoma, já que o Estado Liberal, contrário às ideias do coletivismo, não interferia diretamente nas relações laborais, pois pregava que, assim, desequilibraria as relações individuais entre empregados e empregadores (que, na verdade, já eram naturalmente desequilibradas). No entanto, principalmente após a crescente força da união dos trabalhadores – que não só mais lutavam por melhores condições de trabalho, mas contra o próprio sistema que pressupunha a desigualdade –, o Estado se viu obrigado a intervir nas relações de trabalho e abarcar, em seu ordenamento jurídico, tudo aquilo que os trabalhadores haviam conquistado.

Não obstante, a faceta autônoma do Direito do Trabalho ainda continua. Mais em alguns países, menos em outros. No entanto, não há como negar que a normatização autônoma do Direito do Trabalho, característica que o distingue de todos os outros ramos jurídicos, permanece e, além disso, é induzida, face ao perfil democrático nela inserido, consubstanciado no pluralismo jurídico que estrutura nosso Estado.

Com isso, as negociações coletivas sempre foram e permanecem sendo o maior instrumento de democratização do Poder, pois permitem que os próprios atores sociais, por meio de suas representações coletivas, estipulem as condições de trabalho que a eles serão aplicáveis, exercendo, de forma plena e democrática, seu poder normativo.

Os instrumentos negociais, convenções e acordos coletivos de trabalho, são, assim, prestigiados como instrumentos que criam normas e que as inserem tanto no ordenamento jurídico como nos contratos individuais de trabalho.

Mas há, também, o poder normativo heterônomo. Quando frustradas as negociações, os sujeitos coletivos podem optar, a fim de extirparem o conflito sociocoletivo, por transferirem este poder normativo à Justiça do Trabalho, que, por meio da sentença normativa, estabelecerá, no lugar dos atores sociais, as condições de trabalho que regerão suas relações de labor.

Menos prestigiado pelo ordenamento jurídico, pela doutrina e pela jurisprudência, principalmente dadas as circunstâncias de seu surgimento (corporativismo implantado por Getúlio Vargas), o poder normativo heterônomo da Justiça do Trabalho é, ainda, uma opção válida das partes, desde que frustrada a negociação coletiva.

Apesar, portanto, da preferência por uma pactuação autônoma, não há como se negar a importância do exercício heterônomo desse poder normativo, eleito pelas próprias partes quando inviável a negociação, para pôr fim, pelo menos por um tempo, ao conflito coletivo.

Assim sendo, todos os instrumentos normativos, autônomos e heterônomos, necessitam de um mesmo tratamento, pois, a despeito da origem e da forma, possuem o mesmo conteúdo normativo e servem ao mesmo fim: pacificação dos conflitos sociocoletivos (uma das funções específicas do Direito Coletivo do Trabalho) e normatização das condições de trabalho na busca, sempre, pela melhoria das condições dos trabalhadores (função geral do Direito do Trabalho).

Certo é que na busca pela pacificação dos conflitos e pela melhoria das condições de trabalho, o legislador deu àqueles instrumentos a característica de aderirem aos contratos de trabalho, para que regessem as relações laborais individuais entre empregado e empregador.

Essa aderência, como característica intrínseca dos instrumentos normativos, era tida, até certa época, como absoluta, ou seja, permanente, não obstante o término da vigência dos instrumentos normativos – ultratividade normativa. Por óbvio que a temporariedade das condições de trabalho foge ao fim almejado: paz social, pois senão teriam, os sujeitos, que reiniciar, de tempo em tempo, todas as tratativas a respeito de temas que, no passado, já estavam pacificados. Ademais, não haveria melhorias das condições de trabalho, uma vez que, de tempo em tempo, os trabalhadores teriam que lutar pelos mesmos direitos que outrora haviam conquistado. Neste sentido, o Direito do Trabalho nunca evoluiria e, ainda, o conflito provavelmente não seria realmente solucionado, mas apenas retardado: dentro desta perspectiva, não haveria segurança jurídica.

No entanto, em tempos recentes de flexibilização e desregulamentação de direitos, novas teorias surgem a respeito do tema e ganha força a que nega a ultratividade, defendendo a aderência temporária das normas coletivas.

Esta teoria, consubstanciada basicamente na interpretação gramatical e equivocada da lei (arts. 614, § 3º, e 868, parágrafo único, da CLT), impede o desenvolvimento, pelas próprias partes, do ramo trabalhista, a teor do art. 7º da CR/88, e, consequentemente, interrompe grande parte das perspectivas de melhoria das condições de trabalho. Assim, de tempos em tempos, os direitos conquistados se perdem e, caso não haja nova pactuação coletiva, essa perda poderá ser definitiva. Tudo aquilo que se conquista é temporário. Apenas o que foi abarcado pelo ordenamento jurídico estatal é que permanece. Mas tudo aquilo que se construiu, autonomamente ou até mesmo por meio do poder normativo heterônomo (que não deixa de ser uma escolha das próprias partes), possui prazo de validade.

Essa onda precarizante se desenvolve com o processo de flexibilização que vem sofrendo o Direito do Trabalho a partir da década de 70. Os direitos que antes eram absolutos se tornam relativos. As certezas se tornam incertezas.

E assim, as negociações coletivas vão se tornando subespécies da normatização puramente estatal. Os instrumentos normativos, que antes eram instrumentos sociais de melhoria das condições de trabalho, passam a ser vistos, em regra, como instrumentos flexibilizadores dos próprios direitos, originariamente constituídos como mínimos.

Dentre estas tendências, como já se mencionou, está a de limitação das conquistas trabalhistas autônomas a um período determinado de tempo.

No entanto, até o ano de 2004, esta tendência não era tão sentida, já que bastava que os trabalhadores, caso não conseguissem manter suas conquistas históricas por meio das negociações coletivas (o que não raro acontecia, devido à crise do sistema sindical e a força do capitalismo neoliberal), buscassem a guarida estatal do poder normativo heterônomo para que mantivessem suas conquistas, a teor de disposição constitucional específica de ultratividade quanto às sentenças normativas (art. 114, § 2º da CR/88).

Ocorre que após a publicação da Emenda Constitucional n. 45, de 31.12.2004, o poder normativo heterônomo, instrumento atualmente a serviço dos trabalhadores (se antes era vinculado ao intervencionismo estatal, dadas as suas circunstâncias históricas, hoje é vinculado à manutenção, pela classe trabalhadora, de suas conquistas normativas), foi posto em xeque, já que se exigiu, com a nova redação do § 2º do art. 114 da CR/88, um comum acordo da parte contrária para a instauração do dissídio coletivo de natureza econômica.

Assim, os sindicatos profissionais, com o intuito de manutenção de suas conquistas históricas, dependem da vontade da patronal que, como em regra luta justamente pelo contrário (redução de direitos), não lhes concederia o "comum acordo". Ora, como esperar o contrário se a razão da frustração da negociação, que ensejaria o dissídio, é a própria manutenção de conquistas?

Antes, frustrada a negociação, os trabalhadores buscavam a guarida da Justiça do Trabalho. Hoje, o Judiciário nada lhes fornece, a não ser que o "vilão" concorde com a justiça que busca o injustiçado.

Com isso, não há saída para os sindicatos dos trabalhadores. Se negociarem, perdem. Se tentarem instaurar dissídio coletivo, perdem, já que não há "comum acordo". Sobra-lhes a greve ou a aceitação. Ou resistem com luta ou cedem à redução de seus direitos.

Como o sindicalismo no Brasil, em razão das crises que vem enfrentando, não tem grande força de luta, poucos são os sindicatos que conseguem organizar uma coalizão de resultados positivos (e ainda assim, correndo o risco de ter a greve julgada abusiva pelos Tribunais). Consequentemente, a maioria dos sindicatos cede às pressões empresariais e, para não perder todas as suas conquistas, aceita, em troca da manutenção de algumas, a revogação de outras, uma a uma, pouco a pouco...

Com o passar do tempo, todas as conquistas se perderão. O que antes era considerado mínimo passa a ser o máximo, e o capital irá à busca da redução daquilo que o Estado já havia garantido como mínimo.

Note-se, portanto, que esses novos paradigmas reacendem o debate a respeito da aderência contratual das condições de trabalho estabelecidas nos instrumentos normativos.

Isso porque antes, como havia a possibilidade plena de instauração de dissídio coletivo a fim de se garantir as conquistas, desnecessária era a discussão a respeito dos efeitos das cláusulas quando findo o instrumento.

No entanto, estando os sindicatos profissionais relativamente impossibilitados de buscar guarida plena do Judiciário (após a EC n. 45/2004, que instituiu o "comum acordo"), o tema aparece como fundamental para o futuro das conquistas da classe trabalhadora e do próprio Direito do Trabalho.

A aderência irrestrita das cláusulas normativas, com sua ultratividade, vê-se necessária, atualmente, como a única forma remanescente e plena de manutenção, pelos trabalhadores, de suas conquistas históricas, já que os sindicatos profissionais, enfraquecidos, estão à mercê do capital. As outras teorias negam o aspecto absoluto da ultratividade normativa, constituindo assim, dentro das atuais perspectivas de desconstrução do ramo trabalhista, interpretações pouco estratégicas, já que o caminho deve ser o da construção ou reconstrução do Direito. Nem sempre o meio-termo é a melhor saída!

Assim, necessário rever o tema que outrora restava pacificado e, a partir dos princípios e funções do ramo trabalhista, desenvolver uma interpretação que, decerto, dignifique os trabalhadores e não permita o definhamento da classe e dos direitos por ela conquistados. Caso se retomem as perspectivas da ultratividade normativa, não mais haverá necessidade de refúgio ao Judiciário (já que o refúgio se limita apenas à manutenção das conquistas históricas), pois as conquistas permaneceriam intactas, mesmo que não houvesse celebração de novos pactos.

Com isso, a negociação coletiva volta a ser o que era: um instrumento de democratização do poder e de busca por novas e melhores condições de trabalho. Retoma-se o papel histórico progressista do Direito do Trabalho. Isso, decerto, estimulará as negociações, dará grande poder de barganha aos sindicatos profissionais, não se permitindo perda substancial de direitos e, com certeza, reduzirá o número de dissídios, já que não mais serão necessários, uma vez que a manutenção das conquistas trabalhistas se dará de forma automática.

Entre as mazelas do capitalismo neoliberal e a busca cada vez mais acirrada pelo lucro a qualquer preço, as funções, normas e princípios justrabalhistas ditam o papel do intérprete (de construção teleológica do ramo com o compromisso calcado no bem comum) e o caminho que deve percorrer. Este caminho só pode ser um: o da Justiça Social.

REFERÊNCIAS BIBLIOGRÁFICAS

ANTUNES, Ricardo. *Adeus ao trabalho?* (ensaio sobre as metamorfoses e a centralidade do mundo do trabalho). 1. ed. São Paulo: Cortez, 1995.

_____. O neoliberalismo e a precarização estrutural do trabalho na fase de mundialização do capital. In: SILVA, Alessandro da *et al.* (Org.). *Direitos humanos:* essência do direito do trabalho. São Paulo: LTr, 2007. p. 38-48.

BERNARDES, Hugo Gueiros. Princípios da negociação coletiva. In: TEIXEIRA FILHO, João de Lima (Coord.). *Relações coletivas de trabalho* – estudos em homenagem ao Ministro Arnaldo Süssekind. São Paulo: LTr, 1989. p. 357-370.

CALMON DE PASSOS, José Joaquim. Processo e democracia. In: GRINOVER, Ada Pellegrini; DINAMARCO, Cândido Rangel; WATANABE, Kazuo (Org.). *Participação e processo.* São Paulo: Revista dos Tribunais, 1998.

CARDOSO, Marcos de Almeida. Aplicação das normas coletivas no tempo e no espaço. *Revista LTr*, São Paulo, ano 59, n. 11, p. 313-316, nov. 1995.

CESARINO JUNIOR, A. F. *Direito social brasileiro.* v. 1. 4. ed. Rio de Janeiro: Freitas Bastos, 1957.

CHOMSKY, Noam. *O lucro ou as pessoas:* neoliberalismo e ordem global. 3. ed. Tradução: Pedro Jorgensen Junior. Rio de Janeiro: Bertrand Brasil, 2002.

COSTA, Orlando Teixeira da. *Direito coletivo do trabalho e crise econômica.* São Paulo: LTr, 1991.

DAVID, René. *Os grandes sistemas do direito contemporâneo.* 4. ed. Tradução: Herinio A. Carvalho. São Paulo: Martins Fontes, 2002.

DELGADO, Mauricio Godinho. *Curso de direito do trabalho.* 7. ed. São Paulo: LTr, 2008.

GIGLIO, Wagner D. A prevalência do ajustado sobre a legislação. *Revista LTr*, São Paulo, ano 66, n. 4, p. 402-405, abr. 2002.

GIUGNI, Gino. *Direito sindical.* Tradução: Eiko Lúcia Itioka. São Paulo: LTr, 1991.

GOMES, Orlando; GOTTSCHALK, Elson. *Curso de direito do trabalho.* 17. ed. Rio de Janeiro: Forense, 2006.

GRILLO, Umberto. Eficácia no tempo das condições estipuladas nos acordos ou convenções coletivas e sentenças normativas. In: TEIXEIRA FILHO, João de Lima (Coord.). *Relações coletivas de trabalho* – estudos em homenagem ao Ministro Arnaldo Süssekind. São Paulo: LTr, 1989. p. 396-403.

LIMA, Francisco Meton Marques de. As implicações recíprocas entre os valores e o direito. *Revista LTr*, São Paulo, ano 70, n. 3, p. 326-334, mar. 2006.

LOPES, Mônica Sette. *A convenção coletiva e sua força vinculante*. São Paulo: LTr, 1998.

MARANHÃO, Délio. Dos instrumentos trabalhistas normativos e do limite de sua eficácia no tempo. In: TEIXEIRA FILHO, João de Lima (Coord.). *Relações coletivas de trabalho* – estudos em homenagem ao Ministro Arnaldo Süssekind. São Paulo: LTr, 1989. p. 388-395.

MARTINS FILHO, Ives Gandra. *Processo coletivo do trabalho*. 3. ed. São Paulo: LTr, 2003.

MENEZES, Cláudio Armando Couce de. Permanência das cláusulas constantes de instrumentos coletivos. *Revista LTr*, São Paulo, ano 56, n. 4, p. 431-435, abr. 1992.

MENEZES, Geraldo Bezerra de. *Dissídios coletivos do trabalho e direito de greve*. 3. ed. Rio de Janeiro: Editor Borso, 1957.

MORAES FILHO, Evaristo de. Tendências do direito coletivo do trabalho. In: TEIXEIRA FILHO, João de Lima (Coord.). *Relações coletivas de trabalho* – estudos em homenagem ao Ministro Arnaldo Süssekind. São Paulo: LTr, 1989. p. 29-37.

NASCIMENTO, Amauri Mascaro. *Curso de direito do trabalho*. 23. ed. São Paulo: Saraiva, 2008.

_____. *Iniciação ao direito do trabalho*. 27. ed. São Paulo: LTr, 2001.

_____. *Compêndio de direito sindical*. 2. ed. São Paulo: LTr, 2000.

PLÁ RODRIGUEZ, Américo. *Princípios de direito do trabalho*. 3. ed. Tradução: Wagner D. Giglio. São Paulo: LTr, 2000.

ROMITA, Arion Sayão. *O fascismo no direito do trabalho brasileiro* – influência da Carta del Lavoro sobre a legislação trabalhista brasileira. São Paulo: LTr, 2001.

_____. *O princípio da proteção em xeque e outros ensaios*. São Paulo: LTr, 2003.

RUSSOMANO, Mozart Victor. *Princípios gerais de direito sindical*. Rio de Janeiro: Forense, 1995.

SANTOS, Ronaldo Lima dos. *Teoria das normas coletivas*. São Paulo: LTr, 2007.

SILVA, Antônio Álvares da. A convenção coletiva como instituto central do direito coletivo do trabalho. In: GONÇALVES, Nair Lemos; ROMITA, Arion Sayão (Org.). *Curso de direito do trabalho* – homenagem a Evaristo de Moraes Filho. São Paulo: LTr, 1983. p. 158-184.

SILVA, Luiz de Pinho Pedreira da. *Principiologia de direito do trabalho*. 2. ed. São Paulo: LTr, 1999.

SOUTO MAIOR, Jorge Luiz; CORREIA, Marcus Orione Gonçalves. O que é direito social? In: CORREIA, Marcus Orione Gonçalves (Org.). *Curso de direito do trabalho*. v. 1. Teoria geral do direito do trabalho. São Paulo: LTr, 2007. p. 13-40.

SÜSSEKIND, Arnaldo *et al. Instituições de direito do trabalho*. v. 1 e 2. 20. ed. São Paulo: LTr, 2002.

TAVARES, Geovani de Oliveira. *Desobediência civil e direito político de resistência* – os novos direitos. v. 1. Campinas: Edicamp, 2003.

VIANA, Márcio Túlio. *Direito de resistência:* possibilidades de autodefesa do empregado em face do trabalhador. São Paulo: LTr, 1996.

_____. A proteção social do trabalhador no mundo globalizado – o direito do trabalho no limiar do século XXI. *Revista LTr*, São Paulo, ano 63, n. 7, p. 885-896, jul. 1999.

_____. Convenção coletiva de trabalho. Acordo coletivo de trabalho. Contrato coletivo. In: VOGEL NETO, Gustavo A. (Org.). *Curso de direito do trabalho*. 1. ed. Rio de Janeiro: Forense, 2000. p. 559-578.

_____. O novo papel das convenções coletivas de trabalho: limites, riscos e desafios. *Revista do Tribunal Superior do Trabalho*, Brasília, v. 67, n. 3, p. 47-63, jul./set. 2001.

_____. Quando a livre negociação pode ser um mau negócio. *Suplemento Trabalhista LTr*, São Paulo, v. 3, p. 11-14, 2002.

_____. Terceirização e sindicato: um enfoque para além do direito. *Revista do Tribunal Regional do Trabalho da 3ª Região*, Belo Horizonte, n. 67, p. 117-146, jan./jun. 2003.